ラリックと同時代に活躍した美術家たち

年	ルネ・ラリックの足跡	宝飾工芸	ガラス工芸	絵画
1860	ラリック誕生			
1870 (10歳)				
	16歳の時、父の死で学業をあきらめ、宝飾職人の見習いに			
	18歳でロンドンに渡り、博物館巡りなどで感性を磨く			
1880 (20歳)	22歳でパリで独立、カルティエなど有名宝石店のデッサンを請け負うようになる			
1890 (30歳)	ジュエリーの素材としてガラスに着目し、技術を習得			
	女優サラ・ベルナールと交流 ジュエリーの傑作が多数生まれる			
1900 (40歳)	第5回パリ万国博覧会　この万博で宝石部門のグランプリを受賞、名声を極める			
	贋作の横行や女性ファッションの激変がラリックへの痛打となる			
1910 (50歳)	この頃、ガラス作家への転身を決意			
	最後のジュエリー展（以後はガラス作品に専念）			
1920 (60歳)	時代の動向を察知、ガラス作品の工業化を考える			
	（通称）アール・デコ博　この博覧会でガラス部門の責任者となって活躍、評価される			
1930 (70歳)	豪華客船や教会の内装など、ガラス工芸の枠を超えたモニュメンタルな作品を次々と手がける			
1940 (80歳)				
1945 (85歳)	第二次世界大戦終結 ラリック死去			

宝飾工芸

- ヴェヴェール一族
  - ポール・ヴェヴェール（1850〜1915）
  - アンリ・ヴェヴェール（1854〜1942）
  - 1821年創業。著名な3代目のアンリはアール・ヌーヴォー調の佳品を多数残す
- フーケ一族
  - ジョルジュ・フーケ（1862〜1957）
  - 著名な2代目のジョルジュはミュシャと交流があり、サラ・ベルナールの装身具も作っている
- カルティエ一族
  - ルイ＝フランソワ・カルティエ（1819〜1904）
  - アルフレッド・カルティエ（1841〜1925）
  - 1847年創業。時代の流行に沿いながら端正なジュエリーを作り続け、企業的にも大成功

ガラス工芸

- エミール・ガレ（1846〜1904）
  - アール・ヌーヴォーを代表する工芸デザイナー。ガラス・陶器・家具の分野で革新的な業績を残す
- ドーム兄弟
  - オーギュスト・ドーム（1853〜1909）
  - アンナトン・ドーム（1864〜1930）
  - ガレと同郷のフランス・ナンシーで1891年よりガラス器制作を始め、独特な風趣のある作品を残した

絵画

- アルフォンス・ミュシャ（1860〜1939）
  - アール・ヌーヴォーの中心的グラフィック・デザイナー。フーケの宝飾品のデザインも考案
- ルイス・コンフォート・ティファニー（1848〜1933）
  - ニューヨークで宝石店を営む家の出で、のちにガラス工芸へ進む。ステンドグラスやランプの名作が多い

もっと知りたい

ルネ・ラリック
生涯と作品

鈴木潔 著

東京美術

はじめに

本書の出版は、「エミール・ガレのガラス作品を長年にわたり眺めてきた研究者の目によって解釈されたラリック論を読みたい」という編集者の意向によって実現した。アール・ヌーヴォーのガラスの巨匠であるガレのファンは、わが国にも多い。詳細は『もっと知りたい エミール・ガレ』（東京美術刊）を参照していただきたいが、ラリックを論じるにあたり、随所にガレとの比較論を散りばめることにした。

生前のガレとラリックは面識があった。ラリックはガレ夫人に宝飾品を納品していたし、ガレは14歳年下のラリックの力量を高く評価し、次のような評論を執筆している。「彼の宝飾はいまだ究極の芸術への発展途上にあるとはいえ、必要とされるすべての資質をそなえている。デッサンの優美さ、構成の確実さ、豪華さの中の節度、完璧なデリカシーと仕事の美しさ、豊かな音楽性と創意と知識を持ちあわせ、彼はこれらを集大成して作品を生みだしていくだろう。……創意能力がずば抜けているラリックは、使用する宝石や真珠の質にはこだわらない。欠陥のある宝石でも、歪んだ真珠でも、彼の手にかかればその本来の魅力で輝きだす。彼の柔軟な才能は宝石の形や色に無限の変化をあたえ、完全無欠の芸術品を生みだす。過去の時代における創作の欠如、宝飾品の貧しさを完全に払拭し、彼の作品はこの時代の宝飾芸術の存在を未来においても高らかに主張するだろう」（「1897年の芸術家協会サロンの作品によせて」『Gazette des Beaux-Arts』XXXIX,18, 1897から抜粋）。さすがにガレの慧眼はラリック芸術の本質を突いている。

ガラス工芸に限定すれば、19世紀末のアール・ヌーヴォー時代に一世を風靡したガレに対して、ラリックは20世紀前半に流行したアール・デコ時代の勝者である。アール・ヌーヴォーやアール・デコは、富裕層のために提供された工芸品や建築のスタイルをさす。芸術の社会におけるあり方といった構造的な問い直しはひとまず置き、装飾の問題に明け暮れた点で、豪華さを追求する方向性が違っただけで、その本質は両者とも大差はない。アール・ヌーヴォーは錯綜した複雑さによって、見る者に謎めいた夢想性を開示したが、アール・デコでは選び抜いた素材の高級感を生かすために造形は単純化され、明快な表層の美が好まれた。この対比は色ガラスを組み合わせた重厚なマティエールによって多義的な解釈への道を開いたガレと、オパルセント・ガラスのような均質性のある素材を好んで用いたラリックとの比較によっても理解できる。あるいは、ラリック本人のジュエリーとガラスにも両者の相違はみて取れる。透徹した美意識に満たされた作品と向き合うと、作者は美のためには全てを犠牲にできる人生観の持ち主だったように思われてならない。本書に掲載した作品の陰影の深さや余韻をとどめる表情の豊かさから、不世出の巨匠たる人物の年輪を感じていただければ幸いである。

目次

はじめに……2
ジュエリーとガラスに共通する ラリック——造形の秘密……4

第1章　宝飾デザイナーの時代

伝統的なスタイルの初期作品……6
豊かな色彩をまとった宝飾品の誕生……8
真の芸術へと昇華していったジュエリー……10
建築物のような複雑な構造を追求……12
綜合デザイナーへの道を意識した活動……15

【Topics】
名女優サラ・ベルナールとラリックの交流……20
ラリックとグルベンキアン
——芸術家とパトロンの理想的関係……25

● Special Focus
ラリックとジャポニスム……26

第2章　産業芸術家への道

絶頂期にしのびよる陰り……28
多様化する製品群……32
クリアに輝く世界への扉を開く……34
ジュエラー時代のガラス作品……39

【Topics】
アザミの花とフランス人……40

【Column】
宝飾品の三つのジャンル……9
ボタニカル・アートから導き出されたインスピレーション……21
ガラスという素材への自信……27
富裕層の嗜好に合わなくなったラリックのジュエリー……35
コルセットからの解放によって激変したファッション……43
人生の美食家ラリック……65
珍品を求めるコレクター心理と紫色のガラス……72

第3章　ガラス・デザイナーの時代

生涯を貫いた"彫刻的"作風……42
古さを新鮮さに変えるレトロな感覚……44

【Topics】
息を呑む美しい照明器具の秘密——宝石加工との関連……48
アール・デコ時代の造形……50

● Special Focus
シール・ペルデュ技法による一品制作……59
オパルセント・ガラスの魅力……64

ラリックのジュエリー　主要技法……69
ラリックのガラス　主要技法……74

まっすぐな一筋の道——ラリックの創作人生……76

〔凡例〕作品のデータは、(用途も含めた)器形・作品名(または通称)・制作年・材質(技法)・寸法・所蔵先の順に記載。寸法は原則として、天地(高さ)×左右×幅(厚さ)の順で、1データのみの場合は天地(高さ)を示す。またガラス作品の制作年は原則として、鋳造金型ができた(デザイン制作)年もしくはその金型による最初の製品が販売された年を示す。

ジュエリーとガラスに共通する
ラリック—造形の秘密

ラリックのデザイン手法には終生変わらなかった特徴がいくつかある。扱う素材や表現するテーマに関わらず、二つのジャンルに共通点をみることができる。

花瓶《ナディカ》(71頁)　70歳の作

胸元飾り《孔雀》(10頁)　38歳頃の作

① 写実と抽象の融合

孔雀の写実的な胴体から伸びる飾り羽根や、妖精の脚の先端は抽象曲線を描く。不自然さを感じさせないデフォルメの妙技。

② 左右対称と同形反復

判で押したように同じモティーフをくり返すパターンの美。反復の心地よいリズム感。

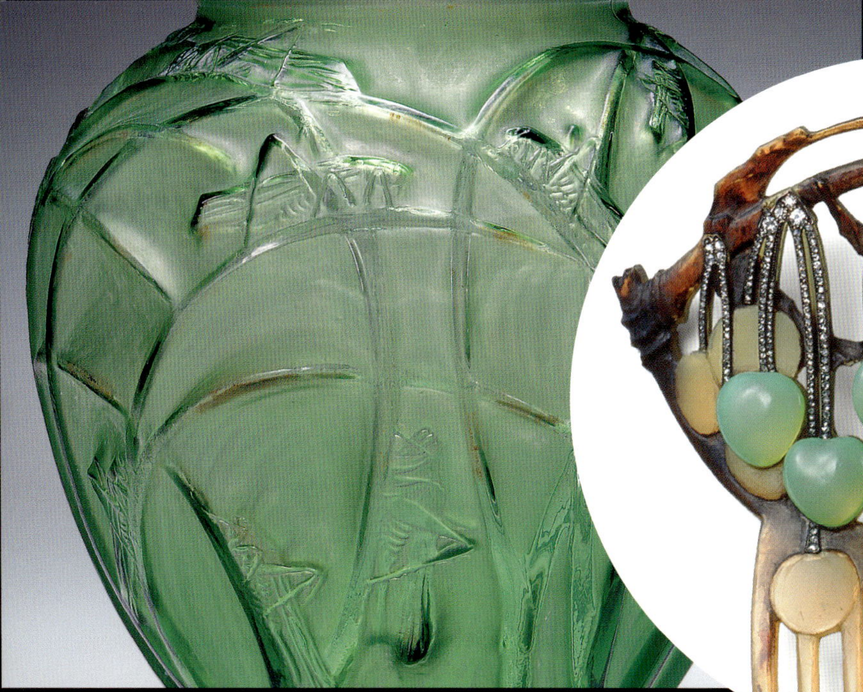

花瓶《バッタ》(54頁)　52歳の作 　　櫛《サクランボ》(31頁)　42歳頃の作

③ アンバランスの中のバランス

左右非対称ながらバランスがとれている文様の布置にジャポニスムの影響が感じられる。

④ 異色なモティーフのコラージュ

人体に動物や昆虫などのパーツを組み合わせるのは、ルネサンス時代のグロテスク文様の系譜に連なる手法。

胸元飾り《トンボの精》(13頁)　37歳頃の作

パネル《魚の噴水》(74頁)　75歳の作

5

René Lalique

第1章
宝飾デザイナーの時代

アール・ヌーヴォーの花形ジュエラーへ

もっぱら宝石自体の魅力を引き出すのが主目的だった伝統的な宝飾の世界に、突然彗星のように現れたひとりの若者。彼のジュエリーは、宝石の魅力に寄りかかるのではなく、多様な素材を駆使して自然のモティーフを色彩豊かに表現した「小さな彫刻作品」だった。

1900 40歳 ← 1860 0歳

父親の死で宝飾職人の道へ

ルネ・ラリックは緑豊かなシャンパーニュ地方マルヌ県アイで生まれた。パリで美的センスを養い、14歳の夏には象牙板に花束を描いて郷里の商人たちに売り歩く才能を発揮するほどだった。しかし16歳のとき、仲買商を営む父親の死によって学業を断念、母の勧めで宝飾・金属細工の職人の道を歩むことになる。昼間は見習いとして働き、夜は装飾美術学校に通った青年の眼差しは、やがて当時の工業先進国イギリスへと向かう。

美の感性を磨いた青春の日々

18歳になったラリックはロンドンに渡る。彼が2年間住んだ南郊のシデナム地区には1851年ロンドン万国博覧会のパビリオン「クリスタルパレス」が移築されていた。自然博物館、建築・彫刻歴史博物館、ショッピングモール、コンサート会場、等身大の恐竜模型の展示など、おもちゃ箱をひっくり返したような刺激に満ちた世界に目を見張ったラリックは、併設されたカレッジでデッサンの専門課程を受講し、各地の博物館を巡って見聞

ルネ・ラリックの歩み

(緑字は美術関連・一般事項)

1860年 0歳	●4月6日、ルネ＝ジュール・ラリック誕生。父はパリの仲買商だったが、小さい頃から母の実家（シャンパーニュ地方）で自然の草花や昆虫に親しむ。
1872年 12歳	●パリの学校でデッサンを学び、早くもその才を発揮、1等賞を受ける。 フィリップ・ビュルティにより「ジャポニスム」という言葉が初めて使われる。
1876年 16歳	●父の死で学業をあきらめ、宝飾職人の見習いとなる。2年間で宝石の象嵌技術をマスター、装飾美術学校の夜学に通う。
1878年 18歳	●ロンドンに移り住み、イギリス各地の博物館を巡って見聞を広める。
1882年 22歳	●独立し、有名宝石店（オーコック、カルティエ等）のデッサンを請け負う。パリ職業専門学校で彫刻や原型制作を受講。
1886年 26歳	●マリー＝ルイーズ・ランベールと結婚（のちに離婚）。
1888年 28歳	●プリカジュール技法による宝飾品の制作を開始。
1889年 29歳	●パリ万国博覧会に、当時の習慣から宝飾店の名でラリックのデザインが出品され、そのグランプリ受賞に貢献した。 パリ万博のシンボル、エッフェル塔建設。
1890年 30歳	●装身具の部分素材としてガラスに着目、ガラス工芸の専門家に技術指導を受ける。この頃、後に2番目の妻となるオーギュスティーヌ＝アリス・ルドリュに出会う。
1894年 34歳	●この頃女優サラ・ベルナールとの交流が始まり、その装身具を考案する。
1895年 35歳	●公式に最初のガラス作品を発表。フランス芸術家協会サロンに裸婦をモティーフとしたバックルを出品して物議をかもし、またトンボの装身具で3等賞を獲得してその名を広めた。 美術商ビング、パリに「アール・ヌーヴォー」の店を開く。
1897年 37歳	●フランス芸術家協会サロンで1等賞、この年以降無審査出品者に。ガラス工芸家エミール・ガレが絶賛し、国やパリ市が作品を買い上げるようになる。ブリュッセル万博の宝飾工芸部門でグランプリ。 ウィーン分離派創設（初代会長はクリムト）。
1898年 38歳	●パリ近郊のクレール・フォンテーヌに本格的なガラス工房を開設。 アール・ヌーヴォーの代表的名建築「オルタ邸」竣工。
1899年 39歳	●石油王カルースト・グルベンキアンがラリック作品の収集を始める。
1900年 40歳	●パリ万博で宝石部門のグランプリに輝く。その斬新な展示も含めて国際的評価は高まり、各国美術館が競って彼の作品を買い上げる。レジオン・ドヌール勲章（オフィシエ）を受章。

> 私は、現代に宝飾デザイナーは存在しないと思っていたが、とうとうここに一人見つけた！
> ——宝飾工芸家　アルフォンス・フーケ

ルネ・ラリック（12歳頃）
オルセー美術館

を広める。特に装飾美術の殿堂サウス・ケンジントン博物館では多くの時間を過ごした。(*)若き日の多感な時期をロンドンで過ごし、幅広い知識を吸収した体験は、後年の工芸から建築装飾までを手がける華々しい総合芸術家の芽を育む土壌となった。

20歳でフランスに帰国し、カルティエなど一流宝飾店にデザインを提供するフリーデザイナーとしての活躍が始まる。30代になるとガラスをジュエリーのパーツに使うようになり、35歳の時にはガラス作品を発表し、この素材への習熟度を高めてゆく。

＊サウス・ケンジントン博物館（現ヴィクトリア・アンド・アルバート美術館）：産業デザイナーを養成する目的で設立され、世界各地の工芸品や工業製品が網羅的に展示されていた。

伝統的なスタイルの初期作品

精微な彫金技術の冴え

ブローチ《竜に乗るキューピッド》 1888年
金（鋳造）（径）3.3cm　パリ装飾美術館

ビジュトリと呼ばれる、貴金属の彫金細工。径3cmほどの金製透かし彫りながら、鋳造後、表面を鏨で削って梨地仕上げにするなど芸が細かい。竜は西洋の有翼像ではなく全身に鱗をまとった中国風の姿で、ほら貝を吹くキューピッドの右手から垂れたリボンに嚙みついている。ルネサンス時代の金工品や、日本の刀装具などからの複合的な影響が感じられるデザインといえる。

するどい爪を立てた指の表現

ブローチ《スフィンクス》 1893年
銀（部分的に鍍金）・オパール　3.7×4cm
パリ装飾美術館

スフィンクスには「見知らぬ者」の意味がある。エジプトでは人面のライオンだったが、古代ギリシアで女性の頭部と乳房をもつ姿が与えられた。時に淫欲と結びつけられるモティーフで、するどい爪を立てた両手の指の表情が意味ありげだ。銀製で部分的に金メッキし、オパールの飾りをつけている。全体を金で鋳造したものや、縁取りにダイヤモンドを廻らしたものなど、ヴァリアントがいくつか存在する。人体、野獣、鳥類などの形を寄せ集めて再構成するラリック得意のデザイン手法の好例である。本作とほぼ同じポーズを採用したガラス作品がのちに制作されている。

ラリック20代前半のブローチ下絵：〔右〕バラ（1883年）〔左〕ゼラニウム（1884年）

伝統を踏襲した保守的な作風から出発

宝飾デザイナーとしての一歩を踏み出したラリックは、1885年に引退したジュール・デスタップの宝飾工房を買い取る。ポール・ブリアンソンなど熟練の職人集団をそのまま継承し、高い技術をもつ工房の主人として実制作を始めた。初期のラリックはヴェヴェールやブシュロンのような有名宝石店の下請けとして作品を製造したので、作品は納入先の有名ブランドの名前で売られていった。いわば匿名の作者扱いだったため、80年代の完成作品の詳細、創作の変遷は今ひとつはっきりしない。

当時はナポレオン三世の皇后ユージェニーが好んだマリー・アントワネット時代の様式を手本にした穏健なスタイルが流行していたので、ラリックもそうした保守的な傾向に沿った仕事をしていたようだ。若きラリックがパリの宝飾商たちに提案した初期のデザイン画は、ルネサンス風のグロテスク文様、ネオ・ロココの結び目文様、古典的なガーランド（花綱）文様など、伝統的な宝飾品の系譜に連なるものだった。

生命感あふれる表情を
巧みにとらえるデッサン力

胸元飾り《小鳥のさえずり》 1889年
金・銀・ダイヤモンド・ルビー 4.9×10.8cm 個人蔵

1889年パリ万博出品作。ヴェヴェールの作品として公表され、下請けのラリックの名は表に出なかったが、枝の針に彼のサインが刻まれている。宝石を主役にしたパヴェ・セッティング（＊）という手法が使われ、ダイヤを隙間なく敷きつめた保守的な作風といえる。全体的にはダイヤの輝きを生かすべく銀が使われ、小鳥のくちばしと脚には金を、目玉には赤いルビーをあしらっている。中央の鳥は左脚を軽く浮かせて動きを表し、向かって左の鳥は今にも飛び立ちそうである。生き生きとした表情を巧みにとらえるデッサン力に若き日のラリックの才能が輝いている。ヴェヴェールによると、この頃のラリックはダイヤモンドを散りばめた白く輝くアクセサリーばかりを制作していたという。

[参考作品] ブローチ《アザミの葉》
ブシュロン（オクタヴ・ルイヤール作） 1870年頃
金・銀・ダイヤモンド 6.7×12cm アルビオンアート・コレクション

Column

宝飾品の三つのジャンル

われわれが宝飾品の名でひとくくりに理解しているものの中には、次の三つのジャンル（原語は仏語）が含まれている。

① 金銀細工（orfèvrerie）…銀食器や置物など（ラリックの例→41頁上図）
② 宝石細工（joaillerie）…高価な宝石を主役にしたもの（ラリックの例→9頁上図）
③ 装身具細工（bijouterie）…貴金属を主体とする彫金、金属工芸（ラリックの例→10頁以降の多数の作品）

これらは中世のギルド以来連綿と続く伝統を誇り、現代にいたる区分だが、英語では後の二者をまとめてジュエリー jewelry（jewellery）と呼ぶ。

ラリックの場合、三つのジャンルにわたって作品が残されたが、最も比重が大きいのは③「装身具細工」だろう。それらは大小の宝石や色とりどりのエナメルで飾られているので、つい宝石に目が奪われがちだが、見るべきは植物や昆虫のフォルムを形成している金・銀の線のなめらかな動き。硬い金属製であることを忘れさせてしまうほど流麗な表情を示している。

＊パヴェ・セッティング：パヴェは仏語で石畳の意。小さなダイヤモンドを密集させて金属面に埋めこむ方法。

豊かな色彩をまとった宝飾品の誕生

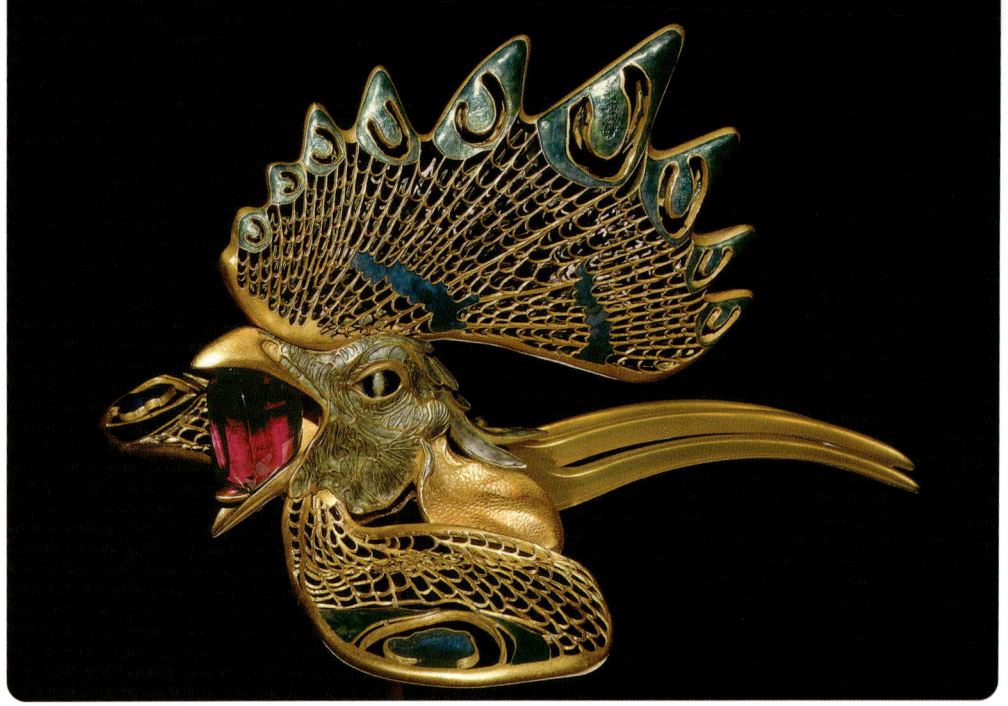

宝石をくわえた雄鶏の気迫
ティアラ《雄鶏の頭》　1897〜98年頃　金・七宝・紫水晶　9×15.5cm　カルースト・グルベンキアン美術館

フランス共和国のシンボル「ガリアの雄鶏」を想起させる髪飾り。とさかと口の左右に広がる大きな肉ひげは金の透かし彫りで部分的にエナメルを焼きつけている。耳から垂れる耳朶は金板に細かい彫琢を施しリアルな質感が与えられている。くちばしの宝石は黄色いダイヤモンド（＊）だったが、現在は紫水晶に交換されている。ガリアとは古代ローマ時代の地名。ラテン語のgallusに雄鶏とガリア（ゴロワ）の両義があるので、雄鶏がガリアの象徴となったという。

写実と抽象を融合したデザイン
胸元飾り《孔雀》　1898〜1900年頃　金・七宝・オパール・ダイヤモンド　9.3×18.7cm　カルースト・グルベンキアン美術館

胸元飾り《孔雀》の下絵
カルースト・グルベンキアン美術館

生き生きとしたリアルな孔雀の体から平板な抽象曲線によって構成された飾り羽根が伸びている。地金部分に繊細な彫金模様を施し、模様が浮き上がるように半透明な釉薬をのせて焼きつけるバスタイユ技法の好例で、半球形に磨いたカボションカットのオパールが散らされている。この羽根はそれだけを取り出してみればおよそ写実的とはいえない造形で、自由奔放な動きを見せている。写実と抽象という異なる造形理念が渾然と一体化している点に、アルフォンス・ミュシャなどのグラフィック・デザインとの関連がみてとれる。

＊黄色いダイヤモンド：ダイヤモンドに微量の窒素やホウ素などが混入すると色がつく。最も多いのが黄色で、ピンクや青、緑もわずかに存在する。現状では放射線照射などで人工的に着色した石も流通している。

軽快な構図のヒントはジャポニスム

ネックレス《ツバメ》　1898年頃　金・七宝・真珠　（外径）20.3cm　箱根ラリック美術館

水平に飛ぶツバメと斜め45度方向に上昇するツバメの姿が交差している。左右反転させて一対のパーツとし、それを6ピース連結している。江戸時代の日本の金工品や北斎漫画などの図案をヒントにしたモティーフと思われ、ジャポニスムの洗礼を受けた造形といえる。飛翔の勢いを盛りこみながらパターン化する構成の妙技。

彫塑の手法を導入した精緻な仕上げ

1890年代に入るとラリックは宝石の価値よりもデザインを重視する方向に転換する。必要があれば象牙や獣角、七宝、色ガラスなど、宝石に比べたらほとんど価値のない素材も積極的に使用した。異なる質感の統合を目指して色価（ヴァルール）の調整に意を払う一方、平板な印象を打ち消す立体感の演出にも余念なく、細部の仕上げには彫刻家が使う縮小技法を応用した。イヤリングの原型が実は20センチメートル近く大きさだったと想像できる人は少ないだろう。若き日に彫塑の勉強をしたラリックは、比例コンパスという道具を使って石膏原型を縮小拡大する彫刻家の技術を熟知していたのである。大ぶりなサイズで細部まで吟味した原型を実寸まで縮小して鋳造すれば工作精度の高さが際立つ。メダルの彫師らが使っていた縮小旋盤をいち早く導入したラリックは、貴金属のみならず象牙や獣角の加工にも活用して、切り込みの深いくっきりとした輪郭を持つ造形スタイルを完成させていった。

真の芸術へと昇華していったジュエリー

ゆらめく曲線と、金と紫のハーモニー
ブレスレット《アイリス》 1897〜99年頃　金・七宝・オパール　5×17.8cm　個人蔵

金にエナメルと薄くスライスしたオパールを組み合わせた5つのパーツを連結している。曲がりくねったリボンのように見える縁取り金具は、アイリスの葉が長く引き伸ばされたもの。虹色に変化するオパールの幻惑、もだえるように花びらを反転させる花の表情の雄弁さ。幾重にも重複して見る者をまどろみの世界に導くアール・ヌーヴォーの美学が、ここに凝縮されている。

声なき声に耳を澄ませる柔らかな感性

ラリックやエミール・ガレ(*)の作品は、見る者に作り手が狙った意図を熟慮させる。生と死、あるいは人生と自然の意味など、普遍的な問題意識が造形に託されているからである。彼らは花や虫、小鳥といった自然を工芸の領域で再創造し、あらためて存在の意味を考える姿勢を共有していた。生命の律動を凝縮したような花瓶やブローチ。複雑さや多層性を特徴とするアール・ヌーヴォーの美術は、19世紀末から20世紀初頭にかけてのごく短い時代にしか作られなかった貴重な存在といえる。

ラリックは自然美と女性美の崇拝を機軸にして、東洋やルネサンス要素を交錯させながら、幅広い歴史主義的要素を交錯させながら、自信にみちあふれたジュエリーのデザインを重視するモダン・ジュエリーの創始者を発見して、天馬空をごとき活躍に舌を巻いた。隅々にまで作家の意識がゆき届いた作品は、真の芸術家になろうと志すひとりの天才の出現を物語っていたからである。

*エミール・ガレ(1846〜1904)：アール・ヌーヴォーを代表する工芸デザイナー。ガラス・陶器・家具の分野で革新的な作品を発表した。

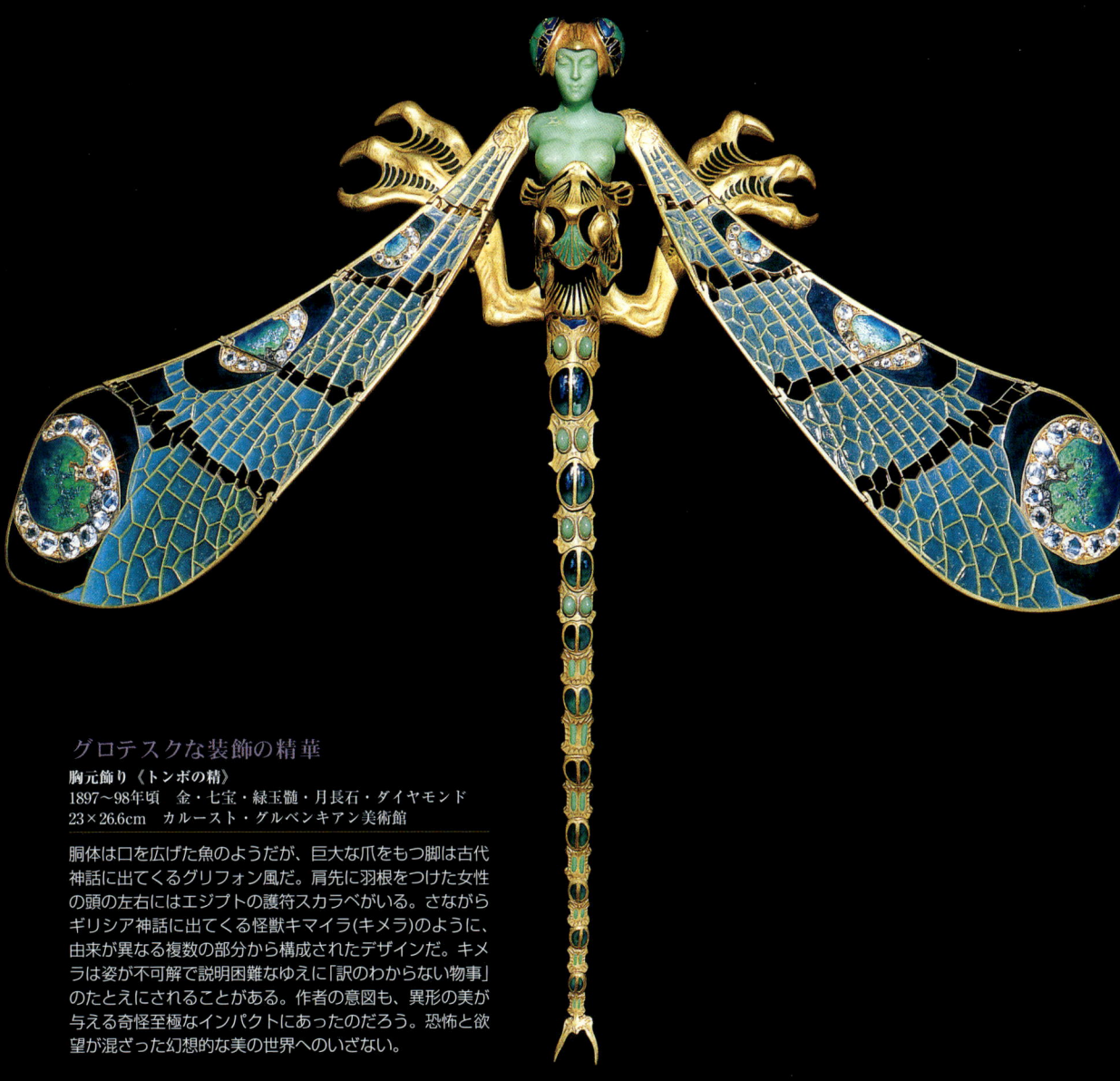

グロテスクな装飾の精華

胸元飾り《トンボの精》
1897〜98年頃　金・七宝・緑玉髄・月長石・ダイヤモンド
23×26.6cm　カルースト・グルベンキアン美術館

胴体は口を広げた魚のようだが、巨大な爪をもつ脚は古代神話に出てくるグリフォン風だ。肩先に羽根をつけた女性の頭の左右にはエジプトの護符スカラベがいる。さながらギリシア神話に出てくる怪獣キマイラ(キメラ)のように、由来が異なる複数の部分から構成されたデザインだ。キメラは姿が不可解で説明困難ゆえに「訳のわからない物事」のたとえにされることがある。作者の意図も、異形の美が与える奇怪至極なインパクトにあったのだろう。恐怖と欲望が混ざった幻想的な美の世界へのいざない。

Close Up

プリカジュール技法による色ガラスの皮膜

ふつうの七宝はガラス質の釉薬を胎とよぶ金属板にのせて焼成する。粉末状態のガラスが加熱されて液化し、胎の表面をおおって完成する。プリカジュールとは、ガラスを焼きつけた金属を酸で溶かして、表面のガラス層だけを残す省胎七宝や、最初から胎に相当する部分がない透かし彫りの金枠に釉薬を焼きつける透胎七宝をさす。後者の場合、熔けたガラスが表面張力によって膜を形成して孔をふさぐ。トンボの羽根のように透明で繊細なガラスの皮膜が金銀を飾り、時には大聖堂の窓から降り注ぐ光の美しさが、微細なスケールで再現された。ラリックは地金の裏側を極限までそぎ落とす裏取りの技術を駆使して、華奢で繊細な味わいも加味している。

胸元飾り《トンボの精》部分（透胎七宝）

流れる曲線美はアール・ヌーヴォーの典型
チョーカー・ヘッド《流れる髪の女》　1898〜1900年頃　金・ダイヤモンド・緑玉髄　5.5×7.2cm　箱根ラリック美術館

金板を透かし彫りした長い髪が豊かに広がり、流水文のようにアレンジされている。この種の表現はミュシャやペーター・ベーレンスの絵画、シャルパンティエのレリーフなど類例が多く、アール・ヌーヴォー時代に好まれたパターン。頭頂から左右にデイジー（ヒナギク）のような花を咲かせた枝が伸びているのは、フローラ（花の女神）の意味を含んでいるのかもしれない。花弁の数が多さから恋占いに使われ、「愛のものさし」と呼ばれたこともあった花である。

古代ギリシャに着想
チョーカー・ヘッド《2人のフルート奏者》
1898〜1900年頃
金・（半透明と不透明の）七宝・
ダイヤモンド　5.4×8cm　個人蔵

花盛りの木陰で縦笛を吹く女性たち。末広がりな構え方で2本の管を同時に吹いているのは、古代ギリシアの双管オーボエ「アウロス」であろう。葡萄と酒の神ディオニュソス（ローマ神話ではバッカス）の熱狂的な世界を表現する鋭い音色を発した楽器で、古代の宴席には女性アウロス演奏者がつきものだった。往々にして彼女たちは売春婦でもあった。

名女優サラ・ベルナールとラリックの交流

> 頂戴した花瓶は実に素晴らしく、ラリックの名に値するものです。
> 私はこの作品に深く感動しました。心から感謝いたします。
> ——サラ・ベルナール（1897年10月のラリック宛て書状より）

駆け出しの宝飾デザイナーと世紀の大女優

1894年、ラリックは初めて自分の工房で展示会を開催し、またフランス芸術家協会サロンの彫刻の部に、ワーグナーの楽劇「ワルキューレ」のための革製の楽譜挟みを出品した。この頃から「ラリック」の名前で作品が発表され、徐々に知名度が高まっていった。

これより以前、1885年に画家クレランを介して紹介されていたサラ・ベルナールの舞台「イゼイル」と「ジスモンダ」が上演され、舞台で使う装身具の制作の依頼を受けた。

彼女はカリスマ的な人気を誇った大女優で、アルフォンス・ミュシャにポスター製作を依頼し、活躍の場を与えたことでも知られる。自らの劇団で世界中を公演してまわり、死去に際して

ルネサンス座の公演『ジスモンダ』のポスター　アルフォンス・ミュシャ作
218×75cm　個人蔵

サラ・ベルナール（1844〜1923）33歳の時

は国葬の礼を受けたほどだ。大女優の身を飾るジュエリーは、舞台栄えするよう大きく派手に作られた。のちにはアルミニウムを導入して軽量化したティアラなども制作している。舞台衣装は大味な傾向もあり、ラリックに関する記録を残したヴェヴェールによれば、舞台用アクセサリーへの関心はそれほどのものではなかったらしい。

しかし、駆け出しの宝飾作家にとって、世紀の大女優から贔屓(ひいき)にされることはまたとないチャンスであった。パリの演劇界や社交界への扉が開かれ、サラの存在はラリックの名声の高まりに貢献した。ラリックはメダルのレリーフや公演用パンフレットにこの女優の肖像画を描き、サラへの感謝と称賛の気持ちを表している。

舞台衣装を身にまとったサラ、40代後半の頃

不気味さと遊び心の両立

蛇やコウモリ、トカゲなどのように、ある種不気味な存在も、ラリックの手にかかれば生き生きとした美しい造形物となった。

乱舞する蝶とコウモリが、昼と夜のコントラストを物語る

懐中時計《蝶とコウモリ》　1899～1900年頃
金・七宝・月長石　（径）5.1cm　個人蔵

リューズに巻きついた蛇の鎌首が恐ろしげである。9匹のコウモリが群舞する背面に散らされたムーンストーン（月長石）の虹色の輝きも怪しい雰囲気を助長する。どんなセレブがこの時計を持っていたのだろうか。世紀末のきわどい退廃の臭いが漂うデザインだが、なぜか文字盤は乙女チックな蝶の文様に彩られている。遊び心にあふれた表裏のギャップの面白さ。後ろ向きのコウモリに囲まれて、1匹だけが顔をこちらに向けている。

エナメルの鱗（うろこ）をまとった9匹の蛇

胸元飾り《蛇》
1898～99年頃　金・七宝　20.8×14.3cm
カルースト・グルベンキアン美術館

1900年パリ万博出品作のヴァリアント（同一デザイン作）。万博出品作は左右4匹ずつの蛇の口からバロック真珠を連ねた紐飾りが垂れ下がり、50cmを超える長さとなって異彩を放っていた。「稀な豪華さと比類ない見事な仕上げ。蛇体の結び目から体をくねらせて鎌首を持ち上げる言語に絶する恐ろしげな美」とは当時の批評。本作はグルベンキアンが1908年に作者から購入したもの。重量は332gもある。うろこの文様が異なる蛇を組み合わせ、蛇体に嵌めた金環にも舌を出す蛇のレリーフがある。

Close Up

色の混合を防ぐクロワゾネ（有線七宝）技法

クロワゾネとは、金、銀、銅などの表面にガラス質の顔料を焼きつける技法のこと。モティーフに沿って細い金属線をめぐらせて壁を作る。そこに顔料を湿らせてのせ、よく乾燥させてから、約680℃から800℃程度で焼き上げる。エナメルの厚みを出すために15回以上も焼成をくり返すこともある（78頁）。

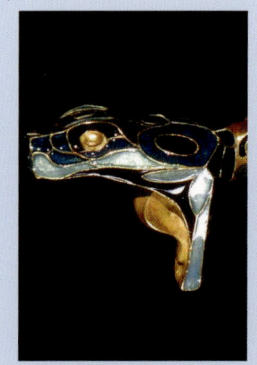

胸元飾り《蛇》部分

指を飾る可憐な装飾の世界

指輪《アザミ》〔右〕　1898～1900年頃　金・ダイヤモンド・半透明七宝　2.1×(径)1.8cm　パリ装飾美術館
指輪《花》〔左〕　1900年頃　金・(半透明と不透明の)七宝・真珠　3×(径)2.1cm　パリ装飾美術館

アザミの花をかたどった指輪(右)。頭花は金製で透かし彫りした金具の間に透明エナメルを焼きつけている。その下の総苞と呼ばれるふくらみには、水滴形のペア・カットのダイヤモンドがはめこまれている。花の茎から伸びた葉は先端を巻きこんだ唐草的な処理が施されている。真珠をあしらった指輪(左)は、扇面上に広がる葉と花房を向き合わせたシンプルな構成。

高度なプリカジュール技法により葉が透けてみえる

様式化された植物の美

ブローチ《ピンクの石のついた花房のブローチ》　1900～03年頃
金・ダイヤモンド・トルマリン・透明七宝　5.4×5.7cm　箱根ラリック美術館

濃紺色のエナメルを焼きつけた金製の枝の輪郭をなぞってゆくと、日本の桐紋のようにも見えるブローチ。左右対称の枠組みの中で、金を透かし彫りした葉にはプリカジュール・エナメルの手法で青緑色の透明エナメルを塗り、ダイヤモンドの花房を垂下させている。ワンポイント的にあしらったトルマリンの鮮紅色が目を引く。

エナメルの異なる焼き加減が見どころ

ネックレス《ハシバミの実》
1899〜1900年頃
金・(半透明と不透明の)七宝・ダイヤモンド・ペリドット・青ガラス
〔ネックレス〕19×12cm 〔ヘッド〕6.5×13.6cm
パリ装飾美術館

古代エジプトの胸当て状のペンダントをペクトラルと呼ぶが、それに近い形式のネックレス。扇面形の金板を透かし彫りしてヘーゼルナッツ(セイヨウハシバミの実)の小枝を表し、淡青色の葉の部分はプリカジュール、明るい緑色が映える実の部分はバスタイユ(78頁)と、2種類のエナメル技法を使い分けて用いている。見どころはダイヤモンドの粒を埋めこんだ実を包む苞(ほう)の表現。苞の内側はエナメル顔料が完全に熔けているのでなめらかな透明感を示すが、外側は顔料のガラスの微粒子が熔融しきる直前で焼成を止め、わざと半濁状態にしている。苞の表面をおおう繊毛の質感をエナメルで表現する芸の細やかさ。チェーンには四角くテーブル・カットした緑色の宝石ペリドットを左右5個ずつ配している。

建築物のような複雑な構造を追求

多彩な表現者としての自覚

　1891年、ラリックはエナメルの釉薬を金型に充填して焼成液化させ、徐冷後に型を酸で溶かしてガラス質だけを得る手法の特許を取得した。石膏型に詰めたガラス粉末を型ごと加熱して鋳造するパート・ド・ヴェールと、型枠の金属を酸で溶解しガラスの皮膜を残す省胎七宝の複合技術である。望み通りの厚みが得られ、彫刻のような丸彫りの複製すら可能にした新技法は、彩色効果を担うエナメルに彫塑的な表現力を兼備させる発想による。画家ラリックと彫刻家ラリックがここで合体したともいえるだろう。

　インタージャンルな仕事を意識したラリックのジュエリーは、宝飾品の素材を使った彫刻といっても過言ではない。発表当時から「ショーケース・アート」とみなされたように、装身具の実用性とともにアートとしての自己完結性を備えている。後年、ガラスの人体彫像をたくさん作っているが、かなり早い段階からラリックの内面では、造形領域の区分は意味をなさなくなっていたのかもしれない。さまざまな素材を使いこなす表現者としての意識に目覚めた工芸家、彫刻家、画家、建築デザイ

優美な曲線に囲まれたとげとげしい世界

ハットピン《スズメバチ》(部分) 1899〜1900年頃
金・七宝・オパール・ダイヤモンド 21×10.2cm デンマーク工芸美術館

丸い花に群がるスズメバチ。棘のような葉は蜂たちがいる内側だけに向けられて、まるで邪悪なるものを封じこめる檻のようだ。金に黒色エナメルをまとった蜂の羽根にはメレー・ダイヤモンド(*)が埋めこまれ、ミリタリー調のギラギラした硬質感を助長している。それらの中にあって、花びらをかたどった丸いオパールが、女性的な優美さをたたえて淡いおぼろげな光を放っている。この花はアザミやタンポポにもみえるが、セイヨウマツムシソウという説もある。オパールの裏の地金の彫りこみが透けてみえ、花弁の重なりを感じさせる。とげとげしい葉と攻撃的な昆虫の組み合わせがかもしだすテンションの高さは圧倒的。スズメバチには悪女とか女狐の暗喩の意味もあるようだ。

Column

ボタニカルアートから導き出されたインスピレーション

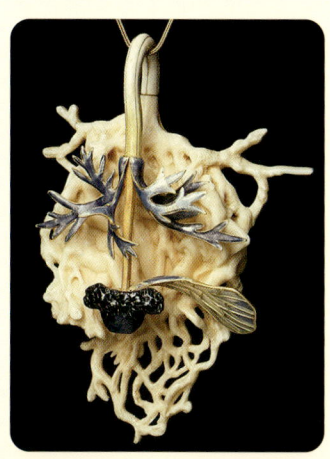

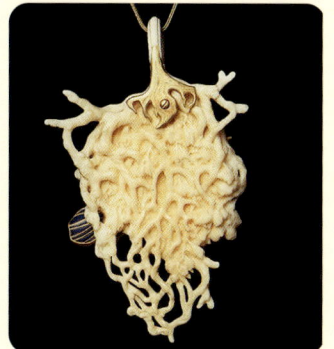

ペンダント《アネモネと根》 1900〜02年頃 金・象牙・七宝 9.5×6.3cm カルースト・グルベンキアン美術館

大地から引き抜かれ、枯れてゆくアネモネ。1枚だけ残った花弁が哀れで、ひげ根のたくましさと鋭いコントラストを生んでいる。西洋ではヴァニタス(虚無の寓意)という観念があって、花は切りとられ地面離れた瞬間に死を迎える存在と考えられてきた。花瓶に活けられた豪勢な花束でさえも、死を暗示するものとして描かれる。そうした歴史的な背景をふまえて、ラリックはしおれたアネモネに興味をもったのだろう。彼は最後の虚無の厳しい現実を提示しながら、そこにいたる過程を意識させる。

また、根に裸婦を潜ませた奇抜な意匠には、ボタニカルアートの影響も認められる。ボタニカルアートとは、写真がなかった時代に、植物の姿を学問的に記録する目的で生まれた細密画のこと。植物の全体像を記録する必要から地中に隠れた根のようすまで描きだす。無論、画家は地下のようすを透視できないので、一種の絵画的なフィクションを介在させる。それゆえに迫真のリアリティと想像力の刺激にみちた世界が描きだされるのだ。

ナーとして多面的に活躍するアーティストの出現は、造形芸術の諸分野を横断する総合運動アール・ヌーヴォーの新しさの特徴に合致していた。

*メレー・ダイヤモンド:一般的には0.18カラット以下の小粒のダイヤモンドのこと。メインの宝石の脇役として使われることが多い。

雪積もる樅の木　クレール・フォンテーヌにてラリック撮影　オルセー美術館

雪をテーマにした連作のひとつ

ペンダント《冬景色》　1900年頃　金・七宝・ガラス・グレーパール　8.5×6.5cm　個人蔵

ラリックはデザインを考案する時に、自分で撮影した写真を参照する場合があった。自邸を構えたクレール・フォンテーヌの森で撮影された写真をヒントにしたと推定されるペンダントである。雪の重みで枝が垂れ下がる針葉樹は、金にエナメルを焼きつけたもの。葉を落とした立ち木が並ぶ湖辺の情景は、パート・ド・ヴェール（＊）でレリーフ状に仕上げている。それらの周囲を囲む縁枠は金製で針葉樹の枝葉の形に加工され、6粒の松毬状の実をつけている。一見ダイヤモンドのように見えるが、マルキーズ型にカットされた透明ガラスである。グレーパールが鉛色の冬の空を連想させるかのように鈍く光っている。ラリックには冬をテーマにしたジュエリーの連作があり、その中にはロシアからの注文によって制作されたものもある。

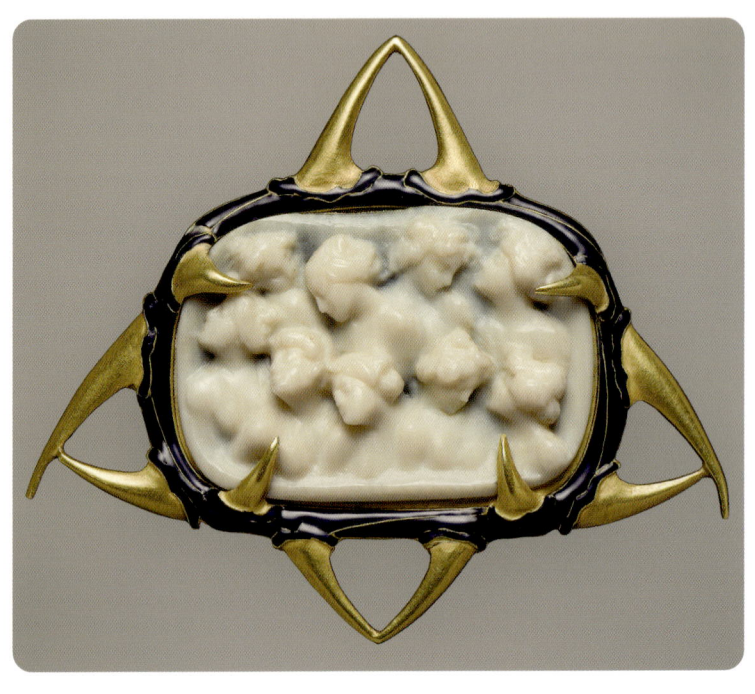

夢想的な乙女たちと恐ろしい棘の対比

ブローチ《バラの棘に囲まれた女たち》
1898年頃　象牙を模した人造素材・七宝・金
5.3×6.3cm　個人蔵
（協力：アルビオンアート・ジュエリー・インスティテュート）

金色のバラの棘に囲まれた9人の女たち。ポンパドゥール・スタイルに髪を結い上げて裸身をさらす。互いに顔を見合わせ会話に耽る風でもなく、閉じこめられた状況に戸惑いを示して、しきりに外の世界を気にしている。ざわめきや不安の気分を助長する棘の恐ろしげな雰囲気。恋人たちや乙女の夢想的な姿に、あえて牙や棘など威嚇的な形象を添えるラリックならではの逆説的アプローチが冴えるデザインだ。

＊パート・ド・ヴェール：ガラス粉末を型に入れ焼成する技法。

ペンダント《女の顔》の下絵
カルースト・グルベンキアン美術館

誘惑と拒絶……
女心の微妙なゆらぎ

ペンダント《女の顔》 1900〜02年頃
金・象牙・七宝・ダイヤモンド・サファイア
7.2×6.2cm
カルースト・グルベンキアン美術館

口をすぼめてキスをねだるような表情の象牙製の女性の顔。頭上には怪物がいて、そうはさせじと激しく威嚇し、大きく広げた口にブルーサファイアをくわえている。誘惑と拒絶の二面性を並存させたデザインには、女心の微妙なゆらぎが託されているのだろうか。19世紀末から20世紀初め頃の世紀末芸術において好んで取り上げられた、男を破滅させる魔性の女「ファム・ファタール」を思い出させる作品である。

裏面にも施された
細緻な仕事

ペンダント《騎手》
1900〜02年頃　金・象牙・七宝・
オパール　9.8×7.2cm
カルースト・グルベンキアン美術館

三方に馬頭をあしらった金製のフレームに台形の象牙板を装着し、上下にオパールをはめている。かなり肉厚な象牙板を使って彫刻したモティーフは、疾走する駿馬に乗った男と女性の劇的な場面。馬上の男は右手を振りかざし何かを投げつけるかのよう。馬のひづめで蹴散らされた裸の女性は仰向けになって転げ落ちつつ、男の顔に目線を合わせている。馬の首や前脚、男女の上半身は丸彫りといってよいほどに突出している。ロダンの彫刻表現との関連が予想される作品である。

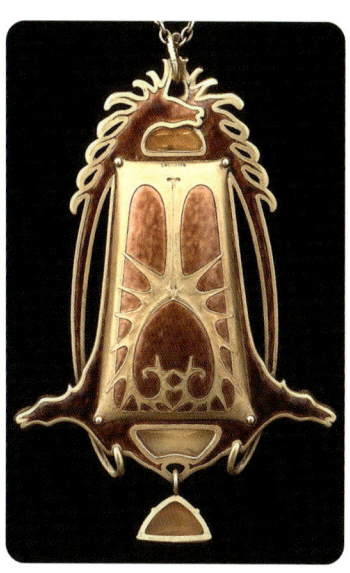

ガラスのミミズクが並ぶ
ブレスレット《ミミズク》　1900〜01年頃
金・ガラス・七宝・玉髄　6×20.2cm　カルースト・グルベンキアン美術館

カラタチの枝のような鋭い棘が伸びる四角い金製フレームの上下に乳白色の玉髄を留め、ちょうつがいで連結した5枚のプレートを横断する松枝が水平方向に伸びている。金にエナメルを焼きつけ、緑色の葉や青白い色調の松ぼっくり5個をあしらっている。枝には透明ガラスをつや消し研磨した5羽のミミズクがとまる。鳥のパーツは金の台座にクローズド・セッティング（*）されているので、ガラスの裏側に銀のフォイルを挟んで白い色調が出るよう調整しているようだ。金板を細かい鱗片状に彫りくぼめてエナメルを充填し松の樹皮の雰囲気を写した枝の間には、青い透明エナメルがプリカジュール技法で装填され、光を透過させて涼しげな表情をかもしている。

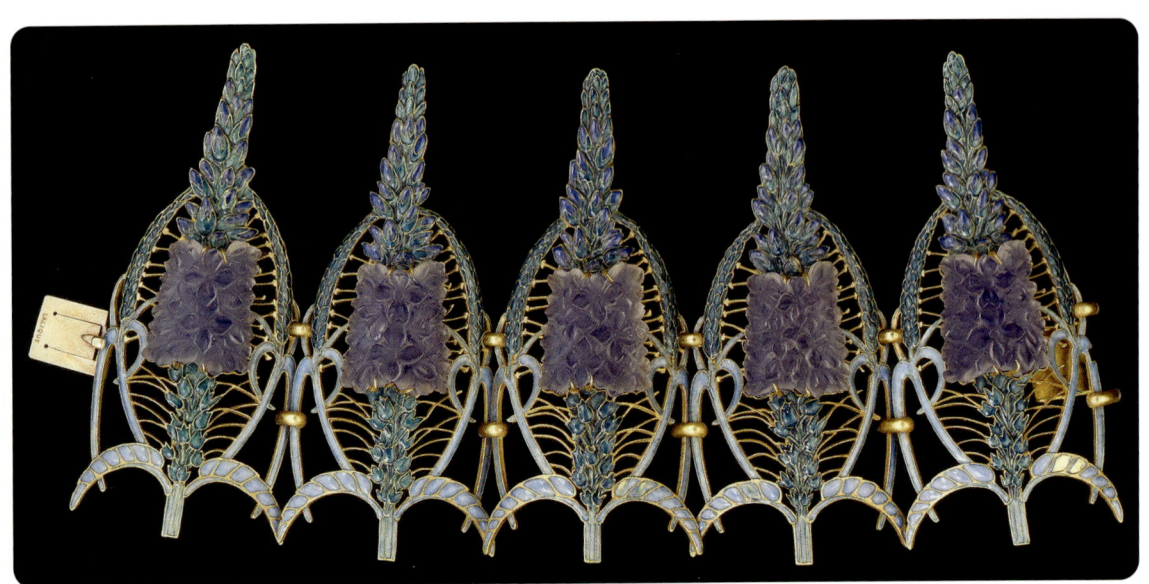

自然観察の結果を素直にデザイン化
ブレスレット《ベロニカ》　1900〜02年頃　金・七宝・ガラス　8×17.5cm　カルースト・グルベンキアン美術館

金とエナメル、ガラスを使った豪華なブレスレット。ベロニカと呼ぶゴマノハグサ科クワガタソウ属の園芸植物は、瑠璃虎の尾という呼称もあるように、青紫の小花が長い花茎にびっしりと密集して咲く。花穂は根元から上端に向かって順に花を開いてゆく。この作品でも下部ではすでに花びらが散り長いめしべだけが残った状態を金の透かし彫りで表し、花穂の中頃にガラスで作った満開の花房を装着、その上には少しほころび始めたつぼみをエナメルで表している。自然観察にもとづく結果を率直にデザイン化したラリックならではの世界だ。中ほどのガラス製花房は透明ガラスを研磨したもので、金の台座に取りつける際に、薄紫の発色が出るよう色のついたフォイルを受け座に挟んでいる。

＊クローズド・セッティング：主に金・銀などの金属板で、宝石などを固定すること。裏面がおおわれ光が通らないので、フォイル（金属片）を敷いて色調を調整することが多い。

ラリックとグルベンキアン
——芸術家とパトロンの理想的関係

「今日、ラリックはまだ正当な評価を受けていないが、美術史上最も偉大な作家のひとりに数えられるべきで、彼の作品は未来の目利きたちから賞賛を受け続けるだろう。彼の作品を数多く所有することは私の誇りである」

——カルースト・グルベンキアン

巨万の富を築いた石油王

カルースト・グルベンキアン（1869～1955）はトルコのイスタンブールの裕福な家庭に生まれた。父親は銀行家として成功したアルメニア人で、息子をロンドンのキングス・カレッジに留学させている。卒業後、カルーストはトルコの鉱業省で中近東の石油採掘事業に携わり、やがて実業家としてペルシャ湾の石油採掘に参入し莫大な富を築いた。生前の彼は中東の石油利権の5パーセントを握っていた。

カルースト・グルベンキアン
（撮影年不詳）

ルネ・ラリック（1903年・43歳）
オルセー美術館

石油王はパリの凱旋門の近く、イエナ通りに大邸宅を構え、室内は古今東西の名画や彫刻、工芸の数々であふれていた。「ハーレムを他人に見せる習慣は持ち合わせていない」と語った孤独な億万長者は、それらの美術品をひそかに自分ひとりだけで楽しんでいたのだが、なぜかラリックとは気が合った。自邸にしばしばラリックを招いたグルベンキアンは、秘蔵の名品を惜しみなく観賞させラリックに創作のインスピレーションを吹きこんだ。のちにラリックは「グルベンキアンが私の目を覚ましてくれなかったら、生まれなかった作品がいくつもある」と回想している。

ラリック最盛期の逸品を収集

パトロンとしてグルベンキアンがラリックから買い上げた作品はジュエリーとガラス、その他の工芸品を含む140点である。数量的にはこれよりも多いラリック・コレクションは世界各地にいくつも存在する。しかし現在、リスボンのカルースト・グルベンキアン美術館で公開されているラリック作品は、最盛期のラリックが渾身の力をこめた代表作ばかりで、実用性よりも芸術性を優先して制作されたミュージアム・ピースの逸品がずらりと並ぶようすはまさに壮観である。

ガラスも、シール・ペルデュ鋳造法（蠟型、56頁）によるコレクターズ・アイテムの逸品ぞろいで、今日、グルベンキアン・コレクションを抜きにしてラリック芸術を語ることは不可能といえる。斬新性を売り物にした新作が発表されると同時にリアルタイムで買い上げられていた点も、グルベンキアンの先見性を物語るものであろう。

邸内の陳列ケース
13頁の《トンボの精》が見える

パリのグルベンキアン邸のテラス
カルースト・グルベンキアン美術館

綜合デザイナーへの道を意識した活動

バッカス神に仕える巫女たち

脚付杯《人物と葡萄の若枝》 1899～1901年 金・象牙・ガラス・七宝 15cm 個人蔵

金枠にガラスを吹きこみ、プリカジュール・エナメルで作った透明感のある葡萄の若葉や象牙製の四角いパネルを装着した杯。ステムの中ほどには裸婦像の集団を彫刻した象牙の装飾がある。台座にも葉を茂らせた葡萄の小枝をあしらっている。葡萄と裸婦の組み合わせは、バッカス神に仕える巫女をテーマにしたものと思われる。エミール・ガレならば、ガラス杯はすべてガラスで作った。象牙の質感が欲しければ、ガラスで象牙の色調を出した。この作品のような異素材を複合的に組み合わせる発想はガレにはない。一方、日常的にさまざまな素材を組み合わせて宝飾品を作っていたラリックには、最初からガラスへのこだわりはない。ガラス作家とジュエラーの資質の違いを考えさせる逸品である。

家具や陶器なども製作

30歳になったラリックはオペラ座大通りの一角に工房と私邸を移した。工房で働く職人は30人ほどに増えていた。このとき私用のものとして家具のデザインを手がけている。製作にあたっては、彫刻家のオーギュスト・ルドリュ親子が協力した。彼らはオーギュスト・ロダンの下彫り職人でもあり、そ の家族にのちにラリックの2番目の妻となるアリスがいた。

ラリックの関心は、早い時期からジュエリー以外の分野にも向けられ、技法の探求と実験を重ねた成果は、1893年の装飾美術中央連盟主催金銀細工品コンクールでの受賞に結びつく。「金属製の飲み物容器」部門に出品した《アザミの聖杯》が2等賞500フランを獲得、また葡萄とサチュロスの器でも佳作賞を受賞する。この時期にラリックは陶器も試作している。さらに本の装丁、屏風のような装飾パネル、女性の襟飾りなど、ラリックのデザインは広がりをみせ、世紀末の美の世界に鮮烈な軌跡を刻みつけてゆく。

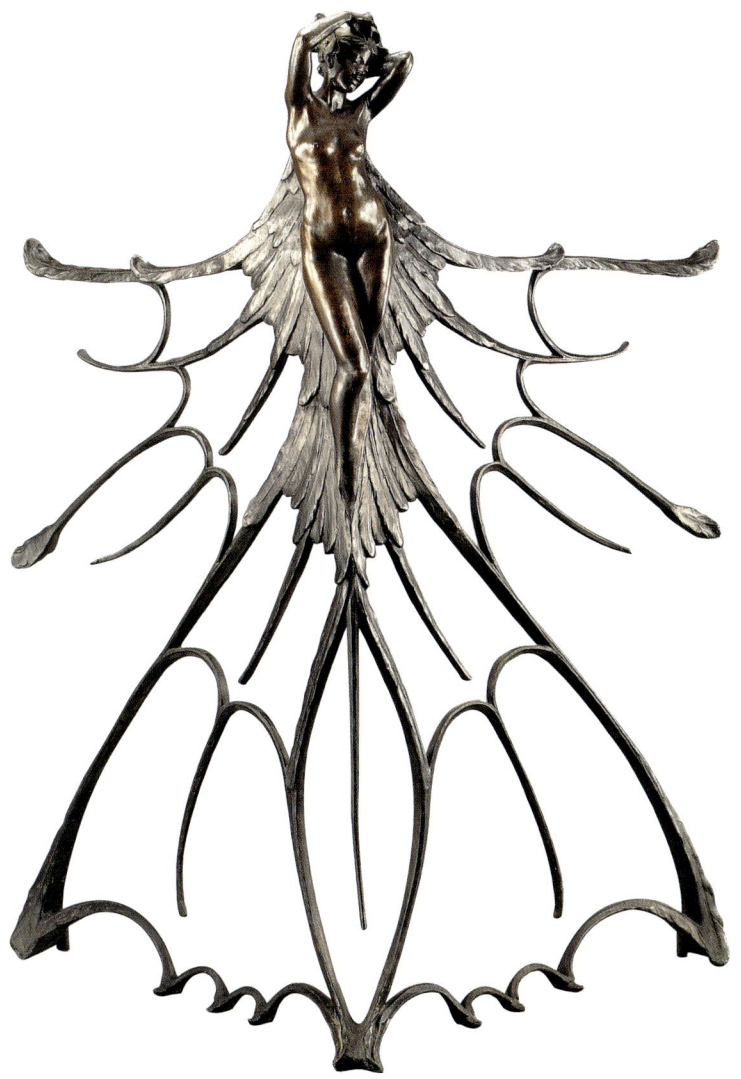

1900年パリ万博におけるラリックの宝飾コーナーのディスプレイ　個人蔵

エナメルによる中空成形の瓶

香水瓶《星》　1896年頃
金・(半透明と不透明の)七宝・紫水晶
4×2.3cm　パリ装飾美術館

省胎七宝による半透明の卵形小瓶。有線七宝(クロワゾネ)による紫色の不定形の星形を散らしている。蓋は金製で6個のカボションカットの紫水晶をはめたもの。

アール・ヌーヴォーを象徴する官能的な裸像

装飾柵《蝶の精》　1900年　ブロンズ・鉄　103×78.7cm　個人蔵

1900年パリ万博で評判となったラリックの展示ケースを飾ったブロンズ製の連作彫刻の中の1体。ケースの上方には唐草風のアーチがあり、ラリックの名前を刻んだカルトゥーシュ(額縁形)が中央にセットされ、その下から北斎漫画風のコウモリのシルエットを点在させた布製の垂れ幕が下がっていた。蝶の精は宝飾品が並んだ展示台の後方に柵のように並べられ、胸元で両手を合掌するポーズと、頭上で両手を重ねるポーズの像が交互に設置されていた。

Column

ガラスという素材への自信

1889年、ラリックはアトリエにガラス製造設備を備え、シール・ペルデュ(蠟型鋳造、56頁)の研究を始めた。翌年には最初の試作品をガラス産業界の重鎮ジュール・アンリヴォーらに見せて助言を受けている。ルイ14世の時代に創業された名門サン=ゴバン社のガラス工場長だったアンリヴォーは、エミール・ガレも25年の永きにわたって交誼を深めた人物だ。1895年のフランス芸術家協会サロンでは、ジュエリーと一緒にシール・ペルデュのガラスも出品され、翌年、ロシアからの注文で作ったブローチ《冬》では、ガラス製のパーツがジュエリーに使われた。

パリ私邸でのガラス製造には火災の危険が伴なうため、1898年に近郊のクレール・フォンテーヌに土地を購入し、本格的なガラス工房を設置していた。宝飾品のパーツのみならず、花瓶や扉のパネルなど、かなりの大作も製造可能な設備がそろっていた。この頃ラリックは、エナメルを中空成形して立体的に仕上げる省胎七宝の技法もマスターし、ガラスという素材への自信を深めてゆく。

ラリックとジャポニスム

ラリックがデザインした草花や昆虫には図鑑のような迫真性が与えられている。しかし、単に形が似ているから魅力的なのではない。心の琴線を震わせる特別な力がある。それが何なのか。答えは日本美術の中にある。

浮世絵の構図からヒントを得る

チョーカー・ヘッド《風景》 1898〜99年頃 金・七宝・オパール・ダイヤモンド
5×12.5cm カルースト・グルベンキアン美術館

琳派の金屏風かと思える豪華な逸品。緑のエナメルの葉が散らされた黄金の木立の間に見えるのは、波立つオパールの湖面。ダイヤモンドをぎっしりと敷きつめるパヴェ・セッティング（＊）で州浜を作り、絢爛たる世界が広がる。立ち木の幹の間から遠景をのぞかせる構図は浮世絵からの引用。ジャポニスムの洗礼を受けた印象派の画家はもとより、エミール・ガレなどもガラスや家具に同種の構図を採用した作品を残している。

自然が見せる刹那の表情に注目

19世紀後半のヨーロッパでは熱狂的な日本美術の流行があった。ジャポニスムと呼ばれるブームの中で、ラリックは日本の芸術家が、ものいわぬ自然に豊かな表情を与える手法を体得していった。

たとえば、葛飾北斎には、動物がおどけたり感傷的になったりする表情を強調して描いたものが少なくない。妙に人間くさい昆虫や鳥が多いのだ。北斎の手にかかると草花でさえ、とりすました姿ではなく、あるかなきかの風になびいて豊かな表情をかもしだす。目前の光景を重視し、自然が見せる刹那の表情をすくいとる素描芸術の神髄は、伝統にしばられた主題主義から解放され、「何を」から「いかに」へと興味の対象を移しつつあった人たちに大きな刺激を与えた。ホクサイスケッチの名で知られる「北斎漫画」などの版本が、印象派の画家らに及ぼした影響については、あらためて指摘するまでもない。

大胆不敵な革新者

時の流れの中で息づく命の輝き。ラリックは、われわれがいつかどこかで見た体験を思い起こさせる力を、掌にのるサイズの宝飾品に封じこめたのだ。彼は蜻蛉や蝶の目になって森を飛びかい、花と向き合った時に見えてくる世界を自在に表現することができる人だった。写実表現と流動曲線を巧妙に織りまぜたラリックは、日本美

＊パヴェ・セッティング：パヴェは仏語で石畳の意。小さなダイヤモンドを密集させて金属面に埋めこむ方法。

〈裏面〉

樹木の幹の間に収まるようにカットしたオパール板を金の鋲でとめている。砂浜の金板のところどころに孔が開けられているのは、ダイヤモンドの裏にあたる台座に穴を開け、オープンセットにして輝きに変化が出るよう工夫したもの。

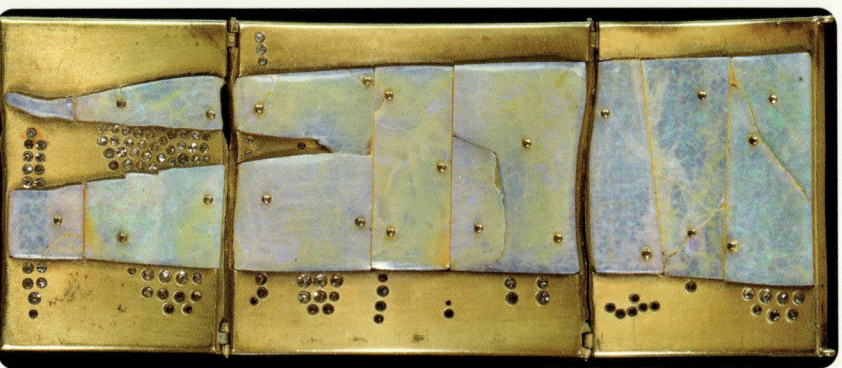

葛飾北斎《富嶽三十六景「東海道程ヶ谷」》　神奈川県立歴史博物館

術から学んだ自然の見方を足がかりにして、安定感の尊重や、個性よりも普遍性を重視する伝統的な美意識に挑戦してゆく。大胆不敵な革新者は、植物の成長力を象徴する曲線を多用して、根源的な生命力にみちた世界への参入を目指していった。

ツバメの姿に重なる日本のイメージ

ブローチ・ペンダント《2羽のツバメ》 1906〜08年頃
金・七宝・ダイヤモンド
6.2×10.8cm　パリ装飾美術館

ラリック好みの飛び交うツバメが空中に交差する一瞬をとらえた構図。くちばしにくわえる小枝が花枝や麦の穂など、細部が異なる類似作例がいくつかある。青味がかったつや消しエナメルで彩色されたツバメの翼には細かい彫琢が施され、金の枝の先に連なる花には古式ブリリアントカットのダイヤモンドがはめられている。

枯葉舞う晩秋の趣

扇と櫛《落ち葉》 1899〜1900年頃　獣角・金・七宝・絹製リボン　（扇の長径）23.4cm　（櫛の幅）11cm　個人蔵

街路樹で馴染み深いプラタナス（スズカケノキ）の枯葉をあしらっている。ひからびて丸まった落ち葉を金とエナメルで表し、半透明の獣角板に鋲で留めている。舞い散る葉を主題にした同時代の工芸では、メーテルリンクの詩「過ぎ去りし苦しみの葉」にもとづくガレのガラス壺が有名だが、見る者に多義的な解釈を要求するガレ作品に比べると、ラリックの造形はもっと明快で、晩秋の物悲しい気分をストレートに語っている。パネル裏面に施した彩色を表側から透かして見せる工夫もある。

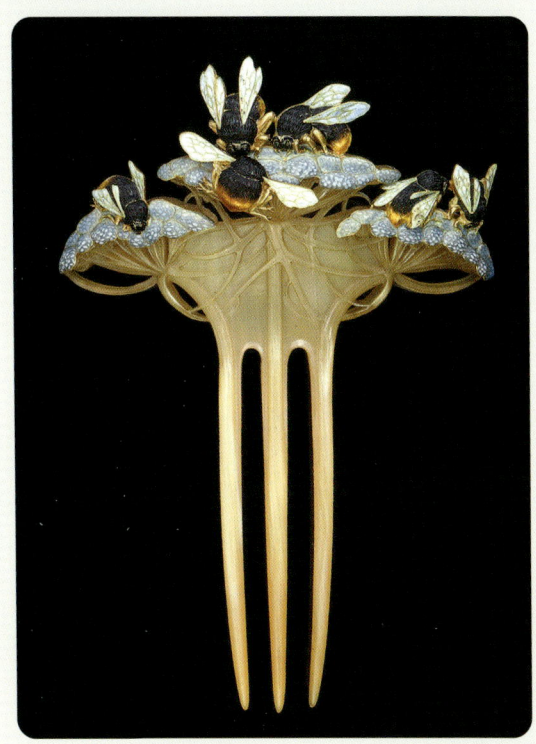

ほの見える"菊の国"日本への関心
チョーカー・ヘッド《菊》
1900年頃　金・七宝　6.3×9.8cm　箱根ラリック美術館

菊の国と呼ばれた日本を強く想起させる作品。1900年パリ万博の園芸部門に参加した日本は、船旅の途中で弱った日本産の菊をあきらめ、フランスで仕入れた苗を現地で育てて、1本の株から300の大輪の花を咲かせることに成功した。高さ1.8m、幅3.7mの大きさを誇った菊に審査員も賛辞を惜しまず、見事グランプリの栄誉に輝いた。

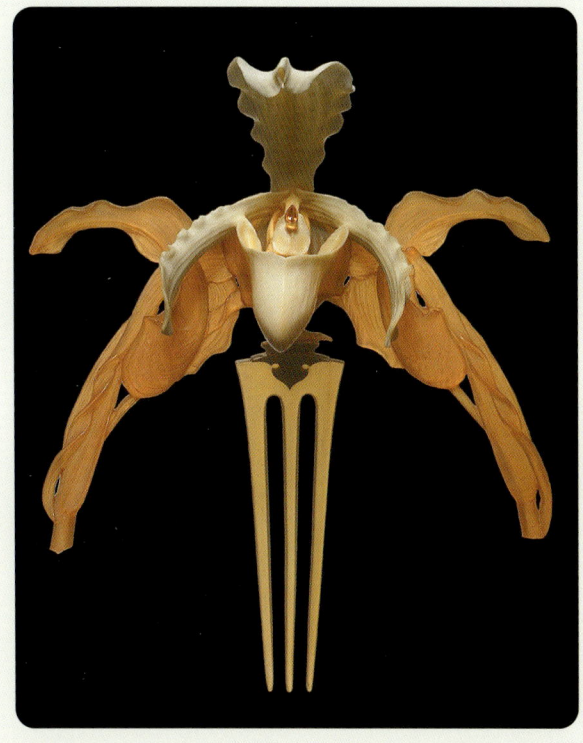

女性の髪を飾るさまざまなモティーフ
櫛《マルハナバチ》〔左上〕　1901～02年頃　角・金・七宝　16×11.6cm　カルースト・グルベンキアン美術館
ティアラ《アツモリソウ》〔右下〕　1903～04年頃　角・金・象牙・トパーズ　16×14.5cm　カルースト・グルベンキアン美術館
櫛《サクランボ》〔左下〕　1902～03年頃　鼈甲・ガラス・ダイヤモンド　14.6×9.8cm　箱根ラリック美術館

セリの花にとまって蜜を集める6匹のマルハナバチ。各々の目に表情があり、正面の1匹はこちらに尻を向けて羽根を震わせている。ラリックの遊び心が表れた楽しいデザイン。象牙の塊からアツモリソウ（ラン科）の花弁を彫り出したティアラには、植物の生殖器官が宿すエロティシズムが濃厚に漂う。繊細なエレガンスと退廃の気分が紙一重で接する危うい美の世界。半透明緑色ガラス製のサクランボを並べた櫛は、つけ合わせに見られがちな花柄にダイヤモンドを並べた洒落た演出が心憎い。

René Lalique

第2章
産業芸術家への道

時代の寵児の大胆な転身

アール・ヌーヴォーの発信源のひとつであったラリックの宝飾品は、流行が終息すると命運を共にする。1911年で新作発表は終わり、ラリックはガラス工芸の世界へと転進をはかる。

1901年 41歳 → 1911年 51歳

アール・ヌーヴォーの終焉と人気の凋落

高級宝飾店が集まるパリのヴァンドーム広場に店を構えた1905年、ラリックの人気は絶頂をも迎えた。しかし、それは凋落の始まりをも意味した。ロンドンで開かれた個展では、渾身の力作が「不愉快なデカダンス」と酷評されてしまう。思いもかけない不評の理由は、これまでは粗悪な模倣品の大量出現による新鮮味の喪失にあると指摘されてきた。

そうしたアール・ヌーヴォーのマンネリ化に、さらなる追い討ちをかけたのが、1906年に起こったファッション革命である。女性の体をしばっていたコルセットの消滅がもたらした服装の大幅な変化は、ジュエリーにも影響を及ぼす。装身具は服装の流行と無関係ではいられない。時代は複雑なフォルムを捨て、シンプルな造形へと移行し始めた。ラリックが手塩にかけて育てた大輪の花は、あっという間に旧態化していった。

ガラス工芸で新しい美感を主張

その一方で、ガラス工芸に新しい風が吹き始める。この時期にラリックが

彼はまた何よりも自然の探究において完璧な冷静さを保ち、生き生きとした宝飾職人の好奇心の目をもって自然を観察している

――工芸デザイナー　エミール・ガレ

ルネ・ラリックの歩み

(緑字は美術関連・一般事項)

1901年 41歳	●サロンに、四隅にガラス製の蛇を飾った大きなケースに展示作品を納めて出品。クール・ラ・レーヌ40番地に邸宅建設を計画し、翌年に完成。 ガレ・ドーム兄弟・マジョレルらにより、ナンシー派が発足。
1902年 42歳	●イギリスの王妃が、サロンで自身のためにラリックの美しいペンダントを選ぶ。マリー=ルイーズと離婚、オーギュスティーヌ=アリス・ルドリュと結婚。
1903年 43歳	●ロンドンでラリックの特別展を開催、作品の他300点のデッサンが展示される。
1904年 44歳	●米国のセントルイス万博に出品。米国人コレクターがラリックの宝飾品を一括購入。 マッキントッシュによる「ヒル・ハウス」(1902〜04)竣工。
1905年 45歳	●アトリエが手狭になり、ヴァンドーム広場に新しい店を開く。サロンに出品した伝統的な宝飾品を飾る本物そっくりの蛾やトンボや魚のモティーフに批評が集まる。
1906年 46歳	●パリにおける装飾美術中央協会主催の「レースと刺繍展」で、前年作の布製品や1904年にサロンに出品された豪華な刺繍の襟飾り数点を展示。この年のサロン出品作はガラス使用の頻度が高く、クリスタルの袖飾りやガラス製の宝飾品が展示される。 服飾デザイナーのポール・ポワレがコルセットを必要としないドレスを発表、女性ファッションの世界に革命的変化が起きる。
1907年 47歳	●フランス芸術家協会サロンで、美しい宝飾品と並びガラスを使用した華麗な作品が出品される。
1908年 46歳	●装身具分野でのラリックの地位が不動となる反面、このジャンルの難しさが表面化してくる。ラリック作品の模倣品が出回り、嫌気がさしたラリックは個人邸宅の内装を手掛けることで建築分野への進出を試みる。またコティ社の香水瓶の紙ラベルに替わるガラス製の商標を請け負うが、さらに香水瓶自体のデザインを提案する。
1909年 49歳	●コティ社のため、最初の香水瓶を製作。ジェネラル・デレクトリシテ社のガラス工場を借り、ガラスの量産体制を整える。
1910年 50歳	●パリのガリエラ美術館が「ガラスとクリスタル展」を開催、ガレ社、ドーム、テイファニーらとともに参加し、脚付き杯などガラスと金属を組み合わせた作品を出品する。しかしラリックの方向は産業ガラスに向かい、この時期にラリックはガラス製作に専心することを決意する。
1911年 51歳	●第6回装飾美術家サロンに、ラリックはガラス作品のみを出品。装飾の構図やモティーフに日本の影響がみられる。この年を境に、ガラス作品以外の出品はみられなくなる。

ラリック夫妻(1903年)　オルセー美術館

発表したガラス作品は、透明ガラスのプレーンな味わいを生かし、照明に応じて表情を変える新しい美感を主張していた。透過する光のきらめきそのものが、濃密な色彩に塗りこめられたアール・ヌーヴォーに風孔をあけるインパクトをもった。宝石の研磨技術をガラスに応用して、屈折や反射を自在に操る発想は、ラリックにしかできないものだった。光り輝くダイヤモンドの扱い方を熟知する者によって、新たな世界への扉が押し開かれた。

絶頂期にしのびよる陰り

シンメトリーの安定感
ペンダント《2羽の孔雀》　1902～03年頃　金・七宝・オパール　6.5×9cm　カルースト・グルベンキアン美術館

梅の木であろうか。曲線模様を描いてオパールをとり巻く枝に、2羽の孔雀がとまっている。安定感ある三角構図の枠に収める必要からか、互いに首を曲げてにらみ合うような姿勢をとらせている。オパールの色調に合わせて、青味がかった半透明エナメルで孔雀の体を彩色しているので白孔雀のような雰囲気もある。

諸刃の剣だった「芸術至上主義」

初めてサロンに出品した時、ラリックは「顧客の注文による束縛を逃れ、自由な創作を行なうために展覧会に参加する」と語った。アーティストとしての存在感を強調したかったのである。実用的でない巨大なサイズ、豪華なオブジェ的な造形が許されていたのも、人々が彼の新しさに魅せられていたからに他ならない。1890年代にラリックがなしとげたジュエリー制作の刷新と深化は驚くべき速度と密度の濃さを示している。ルネサンス時代のグロテスクや唐草、ロココ美術のロカイユ*やリボン、ジャポニスム由来の東洋の造形などを次々にくりだし、象徴主義と古代神話の混交による突然変異体すら誕生させた創造力の宝庫といえる圧倒的な充実ぶりである。

しかし、頂点を極めた者には、さらなる発展は望めない。新しさで人気を得た様式は、次の新しさによって葬られてゆく。流行を牽引した造形は時代の好みが変化した場合、たちまち居場所を失う運命にあったのだ。評論家は掌を返すようにこういった。「彼のジュエリーはデリケートで洗練され、独創

*ロカイユ：18世紀に流行した巻貝のような装飾文様のこと。

不揃いな真珠を効果的に使用
チョーカー《セイヨウサンザシ》
1902〜04年頃
金・(半透明と不透明の)七宝・真珠
［ヘッド］5.5×8cm
［ネックレス］5.2×37.5cm　パリ装飾美術館

形が不揃いな天然真珠をちりばめて実をつけたセイヨウサンザシの枝を表現している。この植物はヨーロッパでは心臓病に効くハーブとして有名。また、キリストが磔にされた時の冠がセイヨウサンザシという伝説もあって、キリストの血によって清められた植物ゆえに古くから魔よけに使われてもいる。

完全な左右対称にしない配慮
ブローチ《アネモネ》
1901〜03年頃　金・七宝・ダイヤモンド・サファイア・オパール・ガラス　6.3×8.2cm　箱根ラリック美術館

冬の花にふさわしい寒色系の色調でまとめた作品。青紫の花は鋳造ガラス製で、金製の茎にメレー・ダイヤを埋めこむデザインはラリックの常套手法。奔放な動きを見せる細い葉はエナメル彩色され、茂みの中央にさりげなく同系色のサファイアを配している。

Ｃｏｌｕｍｎ

富裕層の嗜好に合わなくなったラリックのジュエリー

ダイヤモンドのサイズと量を誇示するショーメ、ブシュロン、カルティエなどの保守本流の仕事と比較すると、ラリックのジュエリーは、資産価値で相当に見劣りすることは否定できない。大きな宝石を使ったジュエリーならば、石を取り外して再加工する使いまわしができたが、そのものを軽視したラリック作品ではそれもできない。伝統的な宝石を使ったジュエリーに比べて投資性が低いと考えた富裕層たちは、ラリックが提案した新機軸への支持を第一次世界大戦前にとり下げてしまう。

的だが所詮ショーケース・アートに過ぎない。ラリックのジュエリーは一つとして着用できるものはない。今風の衣装にはおよそ合わず、流行のファッションをぶち壊してしまう。変装用か、舞台衣装、仮面舞踏会には使えるだろうが」(アンリ・ド・レニエ)。比類ない高みに到達した時、時代とのギャップが生じる不条理がラリックを襲う。

ガラスのパーツを多用した立体造形を追求

20世紀に入ると、明快さを好む時代の変化を意識して、ラリックの色彩表現は統一感を強調する傾向をみせてゆく。

飾り羽根のとろけるような流動形態
ブローチ《松に4羽の白孔雀》　1902～03年頃　金・ダイヤモンド・ホワイトサファイア・ガラス・七宝
9.1×9.5cm　箱根ラリック美術館

全体で三角構図をなす枠の内側にS字形にくねった松枝を配し、鋳造したオパルセント・ガラス製の孔雀をとまらせている。白孔雀だろうか、手前の2羽をとりわけ大きく表現し遠近感を強調している。青白い松葉と透明な松ぼっくりの冴えた感触は月光のイメージも感じさせる。

どこかユーモラスな魚たちの表情
胸元飾り《4匹の魚》　1905年頃
金・七宝・ガラス・ブルーサファイア　8.2×11.5cm　個人蔵

ラリックは口を大きく開いた鶏や蛇、獣や怪物鬼人などを好んでデザインに使う傾向があるが、これもその一例。4匹の魚がブルーサファイアに群がり、大きな口で飲みこもうとしているかのようである。魚にさえ何かしらの表情をつけずにはいられない作者の表現意欲が面白い。魚の体は青いグラデーションをつけたオパルセント・ガラス製。

見どころは花よりむしろ茎の棘

胸元飾り《バラ》 1904～05年頃　金・七宝・ガラス・紫水晶　5.7×16cm　カルースト・グルベンキアン美術館

鋳造ガラス製の淡いピンクの花は可憐だが、茎から伸びる鋭い棘の物々しさはどうだろう。中央の四角いアメジストを挟む2本の太い枝にも大きな棘が生え、甘美さと鋭さの対比を強調している。

まるで動いているような蜂たち

胸元飾り（または髪飾り）《花にマルハナバチ》
1905～06年頃　金・七宝・ガラス・ダイヤモンド
6×15cm　パリ装飾美術館

鋳造ガラス製のころころと丸く太った蜂が3匹、ダイヤモンドの花穂にとりついている。細い花枝は重みでしなり、今にもポキッと折れてしまいそう。危うさを感じさせる絶妙なバランス感覚に、研ぎ澄まされた作者の感性が光る。左の枝は中央の枝にちょうつがいでとりつけているので向きが変わる。

生命の復活再生を象徴する聖なる虫

胸元飾り《スカラベ》 1903～04年頃　金・銀・七宝・ガラス・トルマリン　4.7×16cm　カルースト・グルベンキアン美術館

スカラベは別名フンコロガシ。餌にする糞球を転がす姿を見た古代エジプト人は、太陽の運行のイメージを重ね合わせて太陽神と同一視し、聖甲虫としてあがめた。再生・復活の象徴となった虫である。

メタリックで幾何学的な茎や葉と、写実的な花の組み合わせ

装身具セット《アザミ》　1903～05年頃　金・七宝・ダイヤモンド・スターサファイア
〔ネックレス〕5×37cm　〔ブローチ〕5×5cm　〔ブレスレット〕5×17cm　個人蔵

デザインや素材が共通したジュエリーのセットをフランス語でパリュールという。英語圏では、ひと揃いという意味でスイートと呼ぶこともある。通常はネックレス、チョーカー、ブローチ、イヤリング、ブレスレット、指輪など4、5点で一組となる。このセットは3点なのでデミ・パリュールと呼ぶ例。整然とくり返されるパターン化したアザミの花が美しい。

38

Topics

アザミの花とフランス人

"触れれば刺される"棘(とげ)

「それに触れれば刺される」の格言とともに、ヨーロッパ列強が領有権をめぐり争ったロレーヌ地方の自立を象徴する花となったのだ。

ロレーヌの西に隣接するシャンパーニュ地方の出身で、ガレのためにもジュエリーを制作したことがあるラリックが、隣人たちがアピールしていたアザミの政治的メッセージに無知であったはずはない。(*)寒色系の色ガラスに白く輝くダイヤモンドを組み合わせた一連のアザミのジュエリーは、この植物特有のとげとげしさを強調するデザインが採用され、剛毅な表情を放っている。同じ棘でも、バラのそれが優美な花のひきたて役になっているのとは対照的だ。

1870年に起こった普仏戦争はフランスの敗北に終わり、アルザスとロレーヌの割譲という苦い屈辱をフランス人に残した。ロレーヌ地方を本拠地としたエミール・ガレやドーム兄弟らナンシーの工芸作家が、郷土愛の心情をしばしばアザミにたくして表現したことはよく知られている。

アザミがロレーヌのシンボルになった経緯は、1477年のナンシーの会戦にある。当時、ロレーヌに侵攻してきたブルゴーニュ家第4代当主シャルル突進公を迎え撃って勝利した若きロレーヌ公ルネ二世は、アザミの花を自らの紋章として定めた。以来アザミは

様式化されたアザミ
ペンダント《アザミ》　1898~1900年頃
金・ガラス・七宝・月長石・サファイア・ダイヤモンド　8.3×8.2cm
カルースト・グルベンキアン美術館

細い筋をつけた半透明ガラス製の房はアザミの白花か種子を表したものだろうか。アザミは瘦果の先端に冠毛をつけるので、花はやがて白い綿帽子を被ったような姿に変わり、種は風に吹かれて遠くまで飛んでゆく。ほのかに光る月長石の穏やかな色調は、綿毛と化した植物の柔らかい風情に似つかわしい。

花開く前のつぼみが内に秘める生命力
胸元飾り　《アザミ》　1905~06年頃　ガラス・金・七宝・ダイヤモンド・アクアマリン　4.6×12.7cm　カルースト・グルベンキアン美術館

中央のアクアマリンから左右に枝が伸び、先端に鋳造ガラス製の大小のアザミのつぼみを付している。深い切れこみがある葉にはダイヤモンドが埋めこまれている。十字形にクロスした茎のラインをなぞってゆくと左右一対の十字架形となる。想像をたくましくすれば、ロレーヌ地方のシンボルである横棒が一本多いロレーヌ十字の形を連想することも可能であろう。

* ラリックは1926年に「ドンレミ(ロレーヌ地方のジャンヌ・ダルクの生地)」という名のアザミ文様の花瓶を作っている。アザミ同様、ジャンヌも抵抗の象徴。

多様化する製品群

頭と羽根だけで孔雀をイメージさせるアイデア

飾り襟《孔雀》 1903～04年頃　刺繍・銀・ルビー・羊皮
41.3×54.2cm　箱根ラリック美術館

銀製の孔雀の頭にはルビーの目。飾り羽根は革に刺繍を施したもの。この種の布物を手がける場合、ラリックは左右対称、同形反復など、染織デザインの世界で古くから使われてきたオーソドクスな装飾手法を踏襲している。それは彼の美意識の根底を形成している世界でもある。

異素材を組み合わせて蛇体を表現

バッグ《2匹の蛇》 1901～03年頃　銀・絹・革　23.1×17.9cm　個人蔵

牙をむきだした蛇が2匹、鎌首をもたげてにらみ合う恐ろしげな銀製金具がついたバッグ。革袋にはからまる蛇体を絹糸で刺繍している。耽美と退廃の匂いを放つ趣味人の持ち物だったのだろう。

幅広いジャンルで人気を集める

1901年からラリックは製品の多様化を進める。ジュエリーのほか刺繍やバッグ、金工品、獣角製ペーパーナイフ、ガラス製品など幅広いジャンルのデザインを手がけている。それらはジュエリーよりもサイズが大ぶりになった分、具象表現を重視し怪奇的な凄みさえ加味して対象の本質をえぐり出そうとしたラリックの特徴が鮮明に表れている。複雑で濃厚な造形の味わいはアール・ヌーヴォーの最良の遺産といえる。

卓上に古代神話を再現
テーブルセンター・ピース《ナイアス（水の精）》
1902年頃　銀・ガラス　58.5×68cm
カルースト・グルベンキアン美術館

銀盤の中央が高く盛り上がって波しぶきとなり、水藻で胸元を隠すポーズをとる裸婦が出現している。ギリシア神話で語られる海の泡から生まれた美神アフロディテ（ヴィーナス）の誕生シーンを想起させる表現である。四方に口から水を吐き出す魚を抱きかかえたニンフを配すのは噴水によくあるパターン。

聖杯を象（かたど）った装飾
脚付杯《松毬》　1902年
銀・オパルセント・ガラス　19.2cm　成田美術館

松毬をつけた枝を透かし彫りした銀製金具に、オパルセント・ガラスを吹きこんだ聖杯形容器。金具の隙間に内側から膨張したガラスの皮膜が食いこむように一体化している。金枠吹きこみは1920年代のアール・デコ期に流行するガラス技法だが、この作品のような精緻な透かし彫り金具が使われることはほとんどなかった。

水晶と金が織りなすモザイク模様

チョーカー《猫》　1906〜08年頃　金・水晶・ダイヤモンド　5×33cm　カルースト・グルベンキアン美術館

裏面にインタリオ（沈め彫り）で猫や植物の枝を彫刻した正方形の水晶板57枚を金製の枠から伸びた小さな爪で留めている。パネルの交差個所に四角い銀の枠を配し、ダイヤモンドをはめる。流線型を描いて流れる枝の間に、いろいろな姿勢の9匹の猫がいる。1901年頃からラリックのジュエリーはこの種の無彩色のものが増え始める。

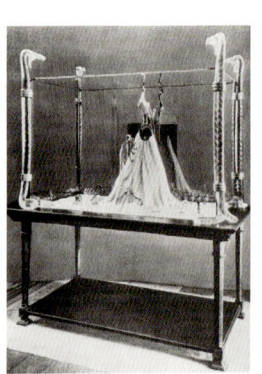

1901年のサロンにラリックが出品したガラス製飾り棚とその内部のジュエリー（17頁参照）　個人蔵

クリアに輝く世界への扉を開く

「色彩の競演」から「光の輝き」へ

20世紀最初の10年間に、ラリックは注目すべきガラス作品を作っている。たとえば1901年のサロン出品用の飾り棚。四隅の支柱が牙をむきだして直立する蛇になっている（上図）。前年の万博では、ブロンズ製の裸婦像《蝶の精》（27頁）をディスプレイに使って妖艶な曲線美を誇示したが、こんどは透明ガラスの蛇がその役を担った。

当時のガラス工芸の世界では、エミール・ガレに代表される濃密な色彩表現と、生々しい自然描写があふれていた。貴石の質感を模倣して、ガラスがガラスであることを偽るような技巧を極めた世界に登場した透明ガラスの白無垢（むく）の輝き。19世紀的なリアリズムをがらくた同然に見せてしまう清澄感は、人々にガラスの本質が何であるかを再び思いださせた。ジュエリーにおいても1901年頃から、白や透明など無彩色を強調した作例が新たなレパートリーとして加わってくる。複雑な多様性との決別は、行きづまりに直面していたラリックの内面で渦巻く暗いパトスからの解放をもたらしてゆく。

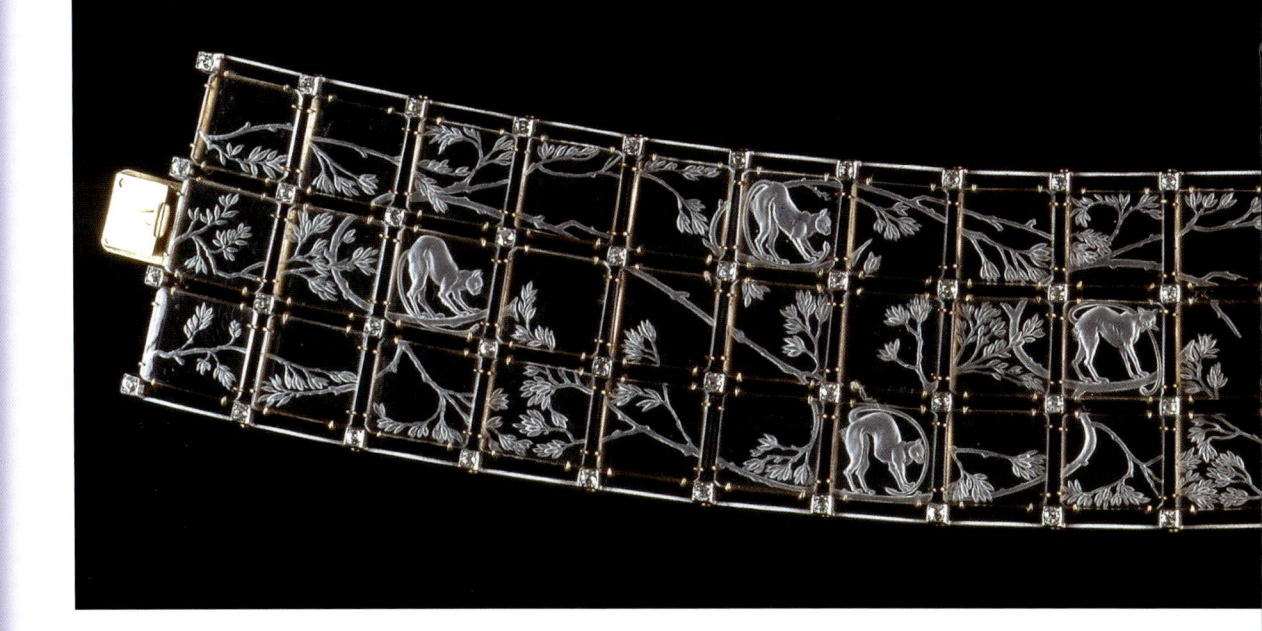

Column
コルセットからの解放によって激変したファッション

20世紀最初の10年間に服装が大きく様変わりしたようすがわかる。1900年、アール・ヌーヴォー華やかなりし頃のドレスは、ボリュームの豊かさを強調したS字シルエットが特徴だった。胸を前につきだし、腹はコルセットでひきしめ、臀部が後方にはりだすフォルムである。ヘアスタイルもポンパドゥールスタイルのような量感の強調があり、髪飾りも派手なものが望まれた。ところが1906年、服飾デザイナーのポール・ポワレがハイ・ウエストのドレスを発表し、ウエストをしめつけてきたコルセットを追放した。その結果、S字シルエットは時代遅れとなり、丈は短く、大きくふくらんだ袖は次第にタイトに、シルエットは体に沿ってストンと落ちる直線的な形状になってゆく。衣服にあった物入れポケットもなくなり、小物をもち歩くためのバッグが必需品となる。髪も小さくまとめてセットするように変わる。

服飾史上の一大事件であったコルセットの消滅は、ラリックに大きな打撃を与えることになる。

1912年 ← 1910年 ← 1908年 ← 1905年 コルセット追放 1903年 1902年

1912年の「フェミナ誌」に掲載された1901年から1912年までの年次ごとの流行の変遷を示すイラスト集からの抜粋。
（資料図版提供：ポーラ文化研究所）

ジュエラー時代のガラス作品

宝石を使わないジュエリー
ネックレス《ガラス玉》　1903年頃
金・七宝・ガラス　（長さ）40×（幅）3cm　アルビオンアート・コレクション

透明素地に緑を重ねた2層被せガラスに精緻な研磨を施し、緑色のガクに抱かれた綿の実のようなフォルムを表現している。13個のガラス球には緑色エナメルを塗布した金製の茎が埋めこまれ、プリカジュール技法によって緑色エナメルを焼きつけた透かし細工の金製の葉と連結している。やがてガラス工芸へと転進するラリックの素材に対する習熟度がうかがえる作品である。

ガレにはなく、ラリックにはあったもの

1900年代初頭にラリックが作ったガラス作品は、エミール・ガレが晩年に発表した名作群に隠れてあまり注目されていない。しかし、1910年までにラリックが作った脚付杯や聖体器などは、異素材を組み合わせる宝飾品の制作手法が応用され、ガラス専門メーカーにはまねができない豪華さを誇る。ガラスで万物を造りだそうと苦心惨憺したガレの労苦をあっさりとかわし、軽妙ささえ感じさせる逸品の数々は、ガラスに金銀、象牙、エナメル装飾を施したものだ。

この頃のラリックは蠟型鋳造（シール・ペルデュ、56頁）のように、量産メーカーなら敬遠するであろう難しい手間のかかる仕事を研究している。ガラスによる表現の可能性を探求し、宝石にまさるとも劣らない付加価値を与えるまでに習熟していたジュエリー時代のラリックにとって、ガラス工芸での大成は約束されていたも同然だった。満を持してガラス界にデビューした巨匠は、すでに50代の円熟期を迎えていた。

陰刻と陽刻を併用

ブローチ《接吻》 1904～06年頃　銀・ガラス　4.9×7cm　パリ装飾美術館

接吻はラリックがくり返して使ったテーマ。水晶を用いて同じ情景を表現した作品がグルベンキアン美術館にある。グラヴュール（*）によるインタリオ（沈め彫り）とカメオ（浮彫り）を使い分けて男女の顔を表現したものだが、この作品では鋳造ガラスによって同種の効果を得ている。すなわち、左手前の男の顔は鋳型成形で表面に盛り上げ、右の女は鋳型でガラス板の裏側を彫りくぼめる処理をしている。ガラスの厚みがある上に茶色の顔料が塗られた男の顔は浅黒く、一方、板ガラスの厚みを減じて成形した女の顔は幻影のようにはかなく見える。棘のある銀製の縁枠に「私は永遠の口づけを夢みる」の銘文が刻まれている。このブローチには、ロンドン滞在中のラリックが恋愛関係となった女性に贈ったものという伝承がある。ラリックは宝石の研磨技術のインタリオやカメオを鋳造ガラスに応用し、陰影の変化に富む照明器具や装飾パネルを発表してゆく。

ガラス内部に浮かび上がる人物

香水瓶《シレーヌ》
1905年頃
ガラス（蠟型鋳造）・ブロンズ（鍍金）
10×5cm　個人蔵

蠟型鋳造法による珍しい香水瓶。粘土で人体像を作り、蜜蠟をまきつけて香水瓶の形状にする。次に蠟型を割り粘土をとり出し、再び接合する。この原型を練った耐火石膏でおおって、原型の内外に石膏をゆきわたらせる。乾燥固化してから加熱すると蠟が流れ出て空洞ができる。そこに熔けたガラスを流しこんで、型ごと振り回し遠心力でガラスを隅までめぐらせる。除冷後、鋳型を割ってガラスをとり出すと、瓶の中に見える妖精の姿は空洞になっていて香水が入る。栓は金メッキしたブロンズ製。同種の技法による香水瓶は4点しか残存していないという貴重な品。

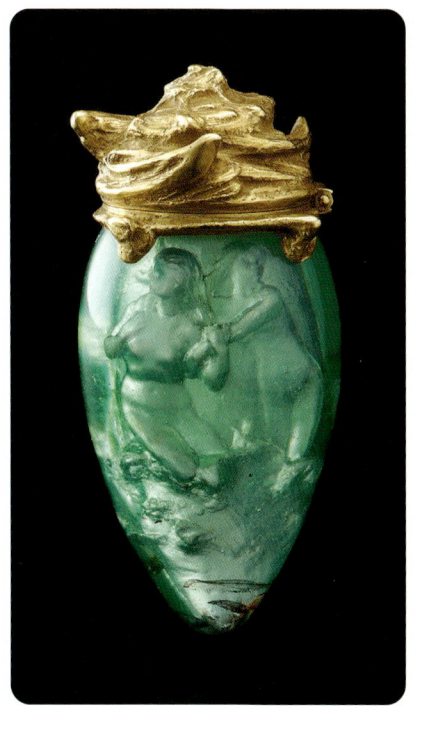

*グラヴュール：キリ状に先が尖ったものや、径5～10ｃｍほどの金属円盤の刃（グラインダー）を高速回転させてガラス器の表面を削ること。

コティ社のための最初の香水瓶
香水瓶《シクラメン》 コティ社 1909年 ガラス（型吹き成形）
13.9×4cm 個人蔵

淡い緑色のパチネが施された型吹き成形の瓶。コティのために製作された最初の香水瓶で、1909年のパリのサロンに展示された。レース状のはかなげな羽根を垂下させ、手には身長の3倍はあろうかという長大なシクラメンの花枝を持つ妖精の姿が浮彫りされている。瓶の中央下部に金紙製のラベルが貼られている。

ラリックがデザインしたガラスのラベル
香水瓶《レフルール》 コティ社 1908年
ガラス（型吹き成形） 14×6.4cm 北澤美術館

1907年にコティから香水瓶に貼る金紙のラベルデザインを依頼されたラリックは、翌年プレスガラスのラベルを考案してバカラ製の香水瓶に貼りつけ（図版のもの）、1912年には瓶本体とラベルを一体成形したものを作った。レフルールはラリックが本格的にガラス製造に着手した記念碑的作例として諸書に紹介されているが、同じタイトルでも形状が異なるバージョンがある。

反対側　部分

優美な恋の物語
香水瓶《牧歌》 コティ社 1909年
ガラス（プレス成形したものを熔着） 9.6×6.7cm
個人蔵

誘惑と接吻の場面を表す恋人たちの姿は、プレス成形で浮彫りにしたもの。表裏2枚のガラスパネルを熔着して、瓶の形に仕上げるなど、困難な技法を採用している。リボンがからまる枝の下でたわむれ口づけする男女ののどかな姿には、作者の苦心の跡は微塵も感じられない。

たわむれる水の妖精たち
デカンタ瓶《シレーヌと蛙》 1911年　ガラス（型吹き成形、栓はプレス成形）　38.5×17.3cm　成田美術館

蛙が口から水流を吐き出すのは噴水などによくあるパターン。流水を表したスクリーンの間に、手足の先端がタコの脚のように長くのびた裸婦たちの踊る姿がかいま見えている。酸洗いでガラスの肌をつや消し加工し、暗褐色の顔料を塗布するパチネ技法（79頁）でモティーフの立体感を際立たせている。1911年のフランス芸術家協会サロンで発表されたモデルで、曲線を好んだアール・ヌーヴォーの余韻と、ラリックが時折見せる怪奇趣味が並存している。

René Lalique

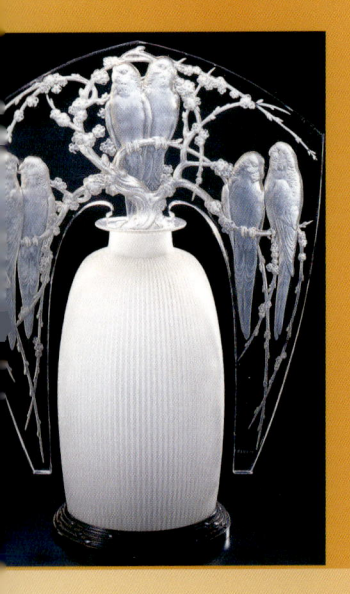

第3章
ガラス・デザイナーの時代

アール・デコ期にも引きつがれたジュエラー時代の感性

ジュエラーとしての名声に決別したラリックは、第一次世界大戦後に再び脚光を浴びる。小さな香水瓶から建築的でモニュメンタルな作品にいたるまで、一貫していたのは、何をなすべきか、自己のスタイルを自覚した大家としてのプライドだった。

1945 85歳 ◀ **1912 52歳**

数々の特許権を得たガラス事業

ラリックは1912年からガラス作品のみを展覧会に出品し、ガラス作家とみなされるようになった。翌年には1909年から借りていたコンブ・ラ・ヴィルの工場を買収し本格的な増産体制を敷く。それから1913年までの間に、700〜800種のガラス作品のモデルが作られ、製造技法や照明器具などに関する複数の特許申請も行なっている。新規事業は好調な滑りだしだったが、1914年7月に第一次世界大戦が勃発して操業は停止。1918年の大戦終結後、ラリックは新時代の流れを察知してさらなる工業化への道を邁進した。戦前に創作されたモデルの3分の2以上は戦後も生産され、手狭となったコンブ・ラ・ヴィルの工場の規模を拡張、1921年にはアルザス地方のウィンジャン・シュル・モデにも最新設備を備えた工場が落成した。

第二の人生における名声

事業は拡大の一途をたどり、エリゼー宮（フランス大統領官邸）の公式晩餐会用食器セットや大統領専用車両のガラスパネルの受注、豪華客船の壁面装飾と照

48

この真の芸術家の手と頭から生まれた作品は、すべてその能力だけでなく傑出した個性を我々に知らしめる。

――トリスタン・エステーヴ

ルネ・ラリックの歩み

（緑字は美術関連・一般事項）

1912年 52歳	● ヴァンドーム広場での最後の宝飾展に続き、ガラスのみの展覧会を開く。以後世間はラリックをガラス作家とみなすようになる。
1914年 54歳	● 英国ジョージ5世とメアリー王妃がパリを訪れ、パリ市からラリックの鮮紅色の杯とパチネガラスの鏡が夫妻へ贈呈される。 第一次世界大戦勃発。
1920年 60歳	● マルサン館における装飾美術家サロンに出品、6人のガラス作家の中で、時代の要求を察知して工業化への方向を打ち出したのはラリックのみであった。
1921年 61歳	● 7月に就航した豪華客船「パリ」の内装の壁面装飾と照明のデザインを担当。 ヒトラー、ナチス党首に。ムッソリーニ、ファシスト党を結成。
1925年 65歳	● アール・デコ博でガラス部門の責任者をつとめる。パビリオン「ラリック館」、噴水塔「フランスの水源」、セーヴル国立製陶所や香水館の内装を手がけ、建築に占めるガラスの重要性を示し、高い評価を得る。 パリで現代装飾美術産業美術国際博覧会（通称アール・デコ博）が開かれる。
1927年 67歳	● 豪華客船「イル・ド・フランス」の内装デザインを手掛ける。サロン・ドートンヌにガラス製浴槽を出品、噂の種となる。
1929年 69歳	● プルマン社の特急列車「コート・ダジュール」の内装を担当。
1930年 70歳	● ラ・デリヴランド聖母教会の聖堂の聖壇、ステンドグラスなどを制作。 米アール・デコ建築の名作、ニューヨークのクライスラー・ビルほぼ竣工。
1932年 72歳	● アンリ・ラパンの設計による東京白金台の朝香宮邸の玄関のガラスレリーフの大扉や照明を担当。翌年にかけてシャンゼリゼ通りに6基のガラス製噴水を制作。
1933年 73歳	● ルーヴル宮マルサン館において、ラリックの大回顧展が開かれ、宝飾品からガラス製品までラリック芸術の全貌を展示。
1935年 75歳	● 「動く宮殿」とも言われた大西洋横断豪華客船「ノルマンディー」の一等船客用食堂や照明器具などの制作に携わる。
1936年 76歳	● ミラノ・ビエンナーレおよびメトロポリタン美術館開催の展覧会に出品。
1938年 78歳	● 家事用品の展覧会に参加。パリ訪問の英国の王ジョージ6世とエリザベス王妃のために、パリ市はラリックの食器セット「カモメ」とテーブルセンターピース「カラヴェル」を献上。
1939年 79歳	● 第二次世界大戦勃発。コンブ・ラ・ヴィル工場の閉鎖。
1945年 85歳	● 第二次大戦終結。ウィンジャンの工場が解放される。5月5日ラリック死去、ペール・ラシェーズ墓地に埋葬。

自作を見るラリック（65歳頃か）　個人蔵

明器具の納入など、ガラスメーカー「ラリック」のブランドイメージが着々と構築されていった。

1925年の4月から10月にかけてパリで開催された「現代装飾美術産業美術国際博覧会（通称アール・デコ博）」では、ガラス部門の責任者をつとめ、ラリック社のパビリオン、ガラスの噴水塔「フランスの水源」、セーヴル国立製陶所や香水館の内装などを担当した。国際博覧会で個人の展示場の設置が認められる栄誉を得た65歳のラリックは、第二の人生でふたたび大きな成功を手に入れた。

金に匹敵するほど高価だったローズオイル

香水瓶《バラ籠》 1912年　ガラス（プレス成形）
9.9×4.8cm　個人蔵

籠いっぱいに詰めこんだバラの花から、わずか数滴が得られるローズオイル。香水の基本となる香りである。朝日が昇る前の早朝に行う花摘みは、熟練者ががんばってたくさん集めても、ローズオイルに換算してわずか14g程度にしかならないという。金にも匹敵するといわれる貴重品なのだ。

亡き妻の面影が宿る香水瓶

香水瓶《シダ》 1912年
ガラス（型吹き成形、栓はプレス成形）　9.4×6.9×3.1cm
北澤美術館

型吹き成形の透明ガラス瓶の表面を、陰刻されたシダの葉がおおう。栓とメダル形の肖像は緑色ガラスをプレス成形したもの。ブローチとして考案されたという肖像部分は、裏側が凸面のパネルをはめているので、光を反射して内側から輝きを放つ趣向になっている。エメラルドグリーンは、1909年に没した妻アリスの瞳の色に関連するという。

生涯を貫いた"彫刻的"作風

古典的人体美への愛着

ジュエリー作家のラリックとガラス作家のラリックが、ジキルとハイドのように異なる芸術的メンタリティーをもっていたのなら話としては面白い。だが、実際はそうではない。残された作品をみる限り、左右相称、反転、連続といったパターン化された宝飾の手法をラリックは最後まで使い続けている。扱う素材は高価な金銀宝石からガラスに移り、作品のサイズや量産数は拡大したものの、芸術性の本質における変革や転換は認められない。機械主義に結びつく現代性の反映など、ほとんど眼中にないデザイナーとしての姿勢は、終始一貫している。

とりわけ古典古代から連綿と続く女神やニンフなどの人体美への愛着は、二つの時代を通底する要素になっている。ラリックの古典美への傾斜は、彼の芸術にモニュメンタルな性格を帯びさせる要因となっていた。彼のジュエリーが、あたかも小さな彫刻のような性格をもっていたように、工芸ガラスの領域でも彫刻的な性格を発揮した作例は少なくない。

50

矢車菊の三態のモティーフ
ブローチ《4つのカボションと矢車菊》〔上〕、ブローチ《渦巻形の矢車菊》〔下左〕、ブローチ《矢車菊と花瓶》〔下右〕
1913年　ガラス（プレス成形）（長さ）7.4～8cm　北澤美術館

ガラス作家時代のラリックが手がけたアクセサリーである。一見、ガラスに色がついているようだが、いずれも透明ガラスをプレス成形して、裏面に鏡面加工した赤紫やピンク、青などの反射板を装着している。金銀宝石をちりばめた高価なジュエリーに比べると、プレスガラスにはカジュアルな趣があって気軽に楽しめる。

珍しい技法を駆使したジャポニスム的な花瓶
花瓶《菊に組紐文様》　1912年　ガラス（型吹き成形、象嵌）　28.5cm　北澤美術館

1912年、ルーヴル宮マルサン館で開催された第7回装飾美術家協会サロン出品作。ラリックがガラスを手がけ始めた頃の珍しい技法による花瓶である。青い透明ガラスを型吹き成形して組紐文様を浮彫りし、紐の隙間をえぐりとったようにくぼませ、別製の亀甲形白色透明ガラス板を埋めこんで接着している。型押し成形の白色ガラス板は表面に菊花文様を浮彫りしパチネで着色、裏側に鏡面加工を施して光を反射する効果を出している。

躍動感にみちたデザイン
装飾パネル《競技者C》　1912年もしくは1928〜30年頃
ガラス(プレス成形)　42×111.5cm　大村美術館

商業生産された中では最大規模のガラスパネル。ポーズが異なる競技者をあしらった4連作中の1点である。浮彫りの厚みは45㎜程度だが、それ以上に盛り上がって見える。屈託のない明朗な躍動感と古典的な格調の高さが調和した作例で、類似するデザインに、ラリック邸の扉にはめられた4枚セット(1902年)や、服飾デザイナー、ジャック・ドゥーセのサロンの扉のための6枚セット(1912年)がある。いずれも群像が観音開きの扉の中央で向かい合う構図が採用されている。本作のサイズは扉用のパネルに比べると、およそ2倍ほども大きい。

「種まき」と「収穫」の一対で門扉を飾る
門扉装飾パネル《種まき》　1911年　ガラス(プレス成形)
(径)38.5cm　個人蔵

1911年のサロンに出品された、ベルリ・デフォンテーヌ邸門扉用のプレスガラス。透明ガラスをつや消し処理してパチネを施している。金工家エミール・ロベールの手になる鉄製門扉の右側フレームにこの「種まき」が、左側には枝から果実をもぎ取る男を表す「収穫」のガラス円板がはめこまれていた。

カメオを並べる発想の面白さ
花器《カメオ》　1923年　ガラス(プレス成型)　25.5cm　大村美術館

ブローチなどに使うカメオを題名につけた花瓶。楕円形フレームを上下2段連続させ、それらの中にポーズが異なる半裸体の女性と童子をあしらっている。人物たちは薄い布を体にまとうが、ほとんど透けて、しなやかなプロポーションが美しい肉体を露出している。胴の部分を逆さまにプレス成形し、底はあとから貼りつけている。装飾がある部分はつや消し加工して緑色のパチネを施したもの。ちなみにカメオとは浮彫りによるもので、沈め彫りはインタリオという。

つや消し加工した ガラスの彫刻

立像《ツタの台座の裸婦像》
1919年　ガラス（プレス成形）
（総高）40.7cm　成田美術館

プレス成形ガラスによる彫刻作品。女性の足元にバッカスの聖木であるツタが陰刻されているので、陶酔状態の巫女を表しているのかもしれない。左腕を曲げて顔に当てるポーズは、ミケランジェロがユリウス廟のために作った捕虜の像を連想させる。

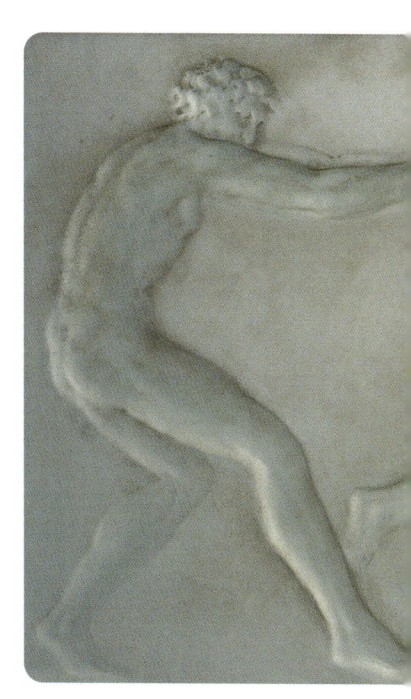

多様な色のバージョンがあるモデル

花瓶《バッカスの巫女》　1927年
ガラス（プレス成形）　25cm　個人蔵

バッカス（ギリシア神話のディオニュソス）は豊穣とブドウ酒の神とされ、酩酊、狂乱、陶酔にいたる集団的な興奮状態を引き起こす祭儀を伴った。恍惚の境地に入って踊り狂う熱狂的な女性信者たちの姿を浮彫りにした本作は、現代まで復刻生産が続くラリックを代表する花瓶。

Column

量産のもととなる石膏の原型

シール・ペルデュ（56頁）は「一点もの」といわれるが、ブロンズ彫刻と同様に、原型を石膏などで型取りしておけば、好きなだけの数量を生産できる。ラリックの総作品目録に掲載されている1921年のデッサンに近似するこの石膏型は、そうした例と思われる。しかし、実際は10作ほどの作品が2点から6点ほど作られただけで、大多数のシール・ペルデュは1点しか作られなかった。

*総作品目録（カタログ・レゾネ）：美術家個人の全作品を時代順・テーマ別などに分類整理したもの。

手足が重なり合う不気味な動物の姿態
瓶《トカゲ》　1912年
ガラス（型吹き成形）　29cm　北澤美術館

グロテスクな人面もどきの恐ろしげな顔をしたトカゲが張りついている。ラリックは1910年代の初期にこの種の不気味さを強調したデザインをいくつか手がけている。

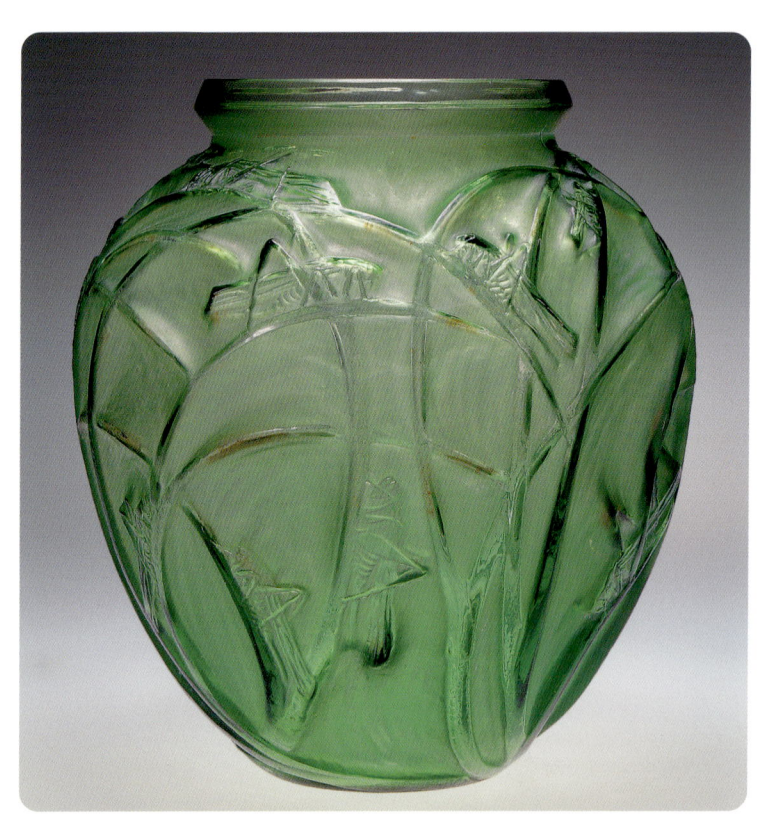

器体に溶けこんだ動植物の姿
ジュエリーでみせた怪奇趣味を継承したり、ジャポニスムにヒントを得たガラスデザイン

静まりかえった草むらの風景
花瓶《バッタ》　1913年
ガラス（型吹き成形）　28cm　個人蔵

酸を使ってつやを消す処理をしている。しなるような曲線を描く草の葉の表面は透明仕上げ。朝露に濡れたようにきらりと光る。左右非対称な文様の布置に日本趣味を感じさせる小味をきかせたデザインである。

漆黒の素地に浮かび上がるトカゲ
花瓶《トカゲと矢車菊》　1913年　ガラス（型吹き成形）　33.3cm　北澤美術館

アール・ヌーヴォー的なS字曲線の中に爬虫類の形態を埋めこみ、それと呼応するように矢車菊の花束を交錯させたデザインが秀逸。同じ型に透明やグレーのガラスを吹きこんだバージョンもあるが、漆黒のガラス素地の重厚感は格別なもの。黒色ガラスといえばエミール・ガレが1887年頃から作り始めて絶賛された黒色ガラス連作も有名だ。ガレは墨絵のぼかしに似た濃淡の変化を好んだが、ラリックは黒漆を思わせるピュアな黒を使っている。

Special Focus

シール・ペルデュ技法による一品制作

フランス語でシール・ペルデュと呼ぶ蠟型鋳造法による少数限定作は、稀少性ゆえにコレクター垂涎(すいぜん)の的となっている。

柔らかな羽毛まで活写された雀たち
花瓶《雀のフリーズ文様》　1930年　ガラス（シール・ペルデュ）　22.8cm　北澤美術館

1933年ルーブル宮マルサン館で開催されたラリック回顧展に出品されたモデル。限定6点中の第3作である。上下2段のフリーズに各々11羽の雀を配している。どれもが細やかなモデリングを施され、実に生き生きとしている。指紋の痕跡が混ざるざらついた表面は、肌触りがなめらかでプレーンな印象を与える金型製品とはかなり趣が異なる。

シール・ペルデュは、金属鋳造の手法をガラスに応用した技術で、蜜蠟で作った原形を耐火粘土でおおい鋳型とし、窯で熱して蠟を熔かしだす。その後、鋳型の中にガラスを流しこみ、徐冷後鋳型を割って製品をとりだす。花瓶など中が空いたものを制作する時は、鋳型の内側にガラスの厚みに相当する厚さの蠟を塗り、耐火粘土で中子(なかご)を作ってガラスを流しこむ手法がとられた。製造過程での変形や破損が多く、完品ができる確率は2割程度といわれる。

限られたコレクターや展覧会発表用の製品に使われた技法だが、1913年から彫刻家モーリス・ベルジュランが原形制作と蠟の調合の研究に携わり、1919年以降は中子の代わりに圧搾空気の噴射の圧力で空洞を作りだす方法を採用し、歩留りが向上した。ラリックのカタログ・レゾネ（総作品目録）には、ベルジュランが遺した資料にもとづき1901年〜1933年に制作された約600点の蠟型鋳造製品が収録されている。現存する製品はその4分の1足らずにすぎないといわれている。シール・ペルデュは残存数が少な

56

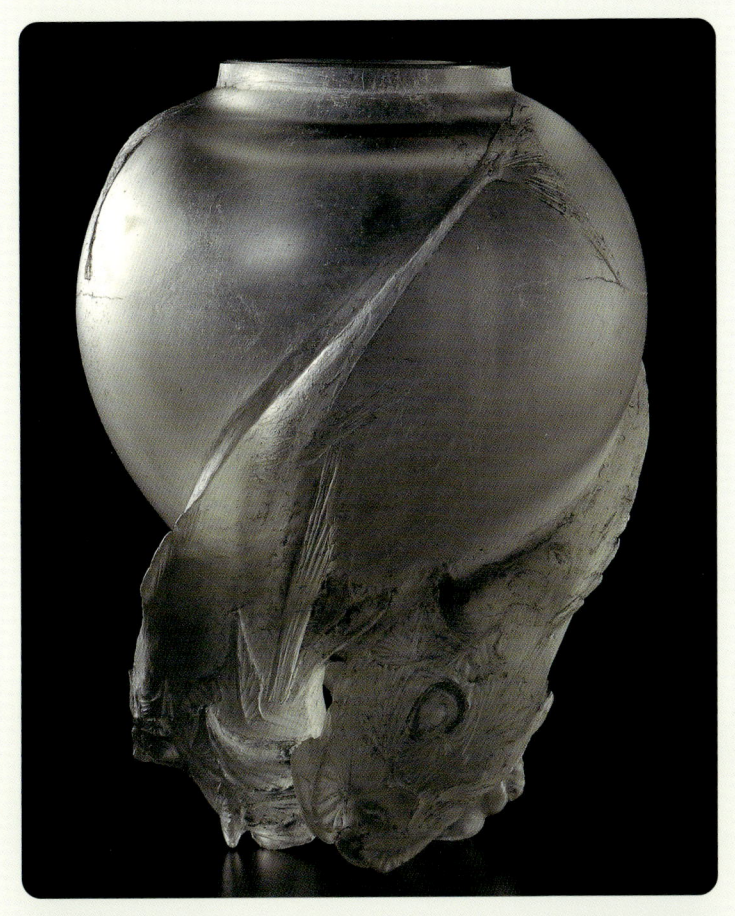

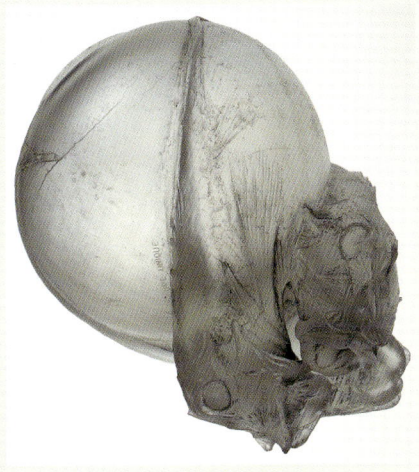

魚の頭を脚にした奇抜な器形

花瓶《3匹のホウボウ》　1921年
ガラス（シール・ペルデュ）
22.1×15.5cm　個人蔵

これほど壊れそうで危うい器形も珍しい。複数の魚が大きく口を開いて一点に向かって集中する構成は、ジュエリー時代からラリックが好んだテーマのひとつだ。（36頁参照）

職人の手仕事が生む なめらかな肌合い

花瓶《小さな牧神の顔》　1922年
ガラス（シール・ペルデュ）
21.5cm　北澤美術館

葡萄の茂みの中からかわいい顔がのぞいている。60℃くらいの温度で熔けてしまう柔らかい蜜蠟の肌を、へらや指先を使って慎重に成形してゆく。職人の手仕事のプロセスが、そのままガラスに転写された柔らかな肌合いはシール・ペルデュならではのもの。鉛分の多いクリスタルガラスを鋳こんでいるので、小品だが手に持つと、ずしりと重い。底部では4cm近い厚みがある。

く希少価値が高まっている。もっとも作者は「私自身の楽しみのために一品制作やシール・ペルデュの作品を作ってみたが、どれも私のささやかで廉価な作品ほどの満足感は得られなかった」と回想している。金型による量産モデルのテクスチャーの均一性、宝石のようにガラスを磨き上げる丁寧な仕上げに一層の愛着を感じたのだろう。

光に乱舞する蝶の群れ

シャンデリア《蝶》 1914年
ガラス（プレス成形） （径）62cm 個人蔵

ニッケルメッキした吊り金具に蓮弁形の透明ガラス8枚を固定している。プレス成形で舞い飛ぶ蝶を1枚に4匹ずつ陰刻し、文様部分をつや消し加工している。中央の壺形のほやには花文のレリーフがあり、内部に電球を仕込んでいる。板ガラスの断面から侵入した光が蝶の部分で拡散し、モティーフを光らせる。巨大化した香水瓶のようなフォルムは、ラリックの照明器具によくあるパターン。

近代的なフォルムと古代神話の融合

ランプ《牧神》 1931年 ガラス（プレス成形〔本体〕・
型吹き成形〔笠〕） 33.4cm 北澤美術館

プレス成形で牧神像を陰刻したガラス板の上に、かまぼこ形の型吹き成形の笠がのる。ニッケルメッキした台座の両端から金属製の縁枠が上にのび、プレスガラスを挟む形で笠の重量を支えている。笠の内側に電球がある。

ガラス（花）とブロンズ（茎）が一体化

ランプ《ケシ》 1910年
ガラス（プレス成形）・ブロンズ 44×24.2cm 個人蔵

2点の現存が知られる初期の珍しいランプ。つや消し加工したほやにケシの花を垂下させ、黒色のパチネを塗布して細部を強調している。銀メッキしたブロンズの台座には束ねられたケシの茎を浮彫りしている。

Topics

息を呑む美しい照明器具の秘密
──宝石加工との関連

カップルの表情が微妙に違う3組のインコ
ランプ《インコ》　1920年　ガラス(プレス成形〔装飾板〕・型吹き成形〔本体〕)　47cm　北澤美術館

プレス成形による透明ガラス製のティアラ型の装飾板を、型吹き成形でつや消し加工を施した胴部に差しこんでいる。ベークライト製の黒い台座が付属する。内部の電球を点灯すると、6羽のインコを陰彫した装飾板がほのかに光り、鳥たちの姿を幻想的に浮かび上がらせる。この種のランプの造形は、ラリックが得意とした香水瓶のデザインと結びついている。ちなみに、つがいのインコは夫婦和合のシンボルと見られていたようだ。

ラリックは電気会社から借りた電球工場からガラスの新規事業を立ち上げた。そこが熟練の職人芸を売り物にする工房ではなく、新時代の照明器具の量産工場であったのは象徴的だ。ラリックは1913年に「あからさまな光源を隠すことでモティーフが照らされるガラスやその他の透明な物による装飾」を特許申請した。プレス成形で陰刻文様を施した透明板ガラスの断面に、木口方向から光を照射して、輝く立体像を浮かび上がらせる手法である。シャンデリア、常夜燈、テーブルセンターピースなど、大小さまざまな領域にこれが応用された。透明ガラスの凹凸面で光を乱反射させるだけのしかけで、原理は単純だが、効果は絶大。光そのものが形象化したような夾雑物のない清澄な美が出現する。誰もが息を呑む言葉を失ってしまう見事なアイデアは、宝石加工のインタリオ(沈め彫り)に由来している。ラリックによる透明性の再発見は、ジュエリー作家時代に培った経験と、電気の普及といいう時代背景を抜きにしては考えられないことだった。

静と動のはざまをとらえる造形力

テーブルセンター用置物《火の鳥》
1922年　ガラス（プレス成形）　44×43.5×9.6cm
箱根ラリック美術館

ブロンズ製の照明台にプレスガラス板を固定した置物。日本人には馴染み深い仏教美術の迦陵頻伽は、有翼の菩薩形に鳥の下半身を組み合わせ、鳥脚で蓮台に立つ。一方、ラリックの火の鳥は人魚に羽根をつけたような姿で後ろ脚がない。鋭い爪が生えた両手で枝にとまる妖しくも妖艶な姿には、ラファエル前派や、1910年にパリ・オペラ座で初演されたロシア・バレエ団の「火の鳥」との関連を指摘する人もいる。このポーズは初期の宝飾品（8頁のブローチ《スフィンクス》）を思い起こさせる。ふたつの作品には29年の隔たりを感じさせない一貫性がある。

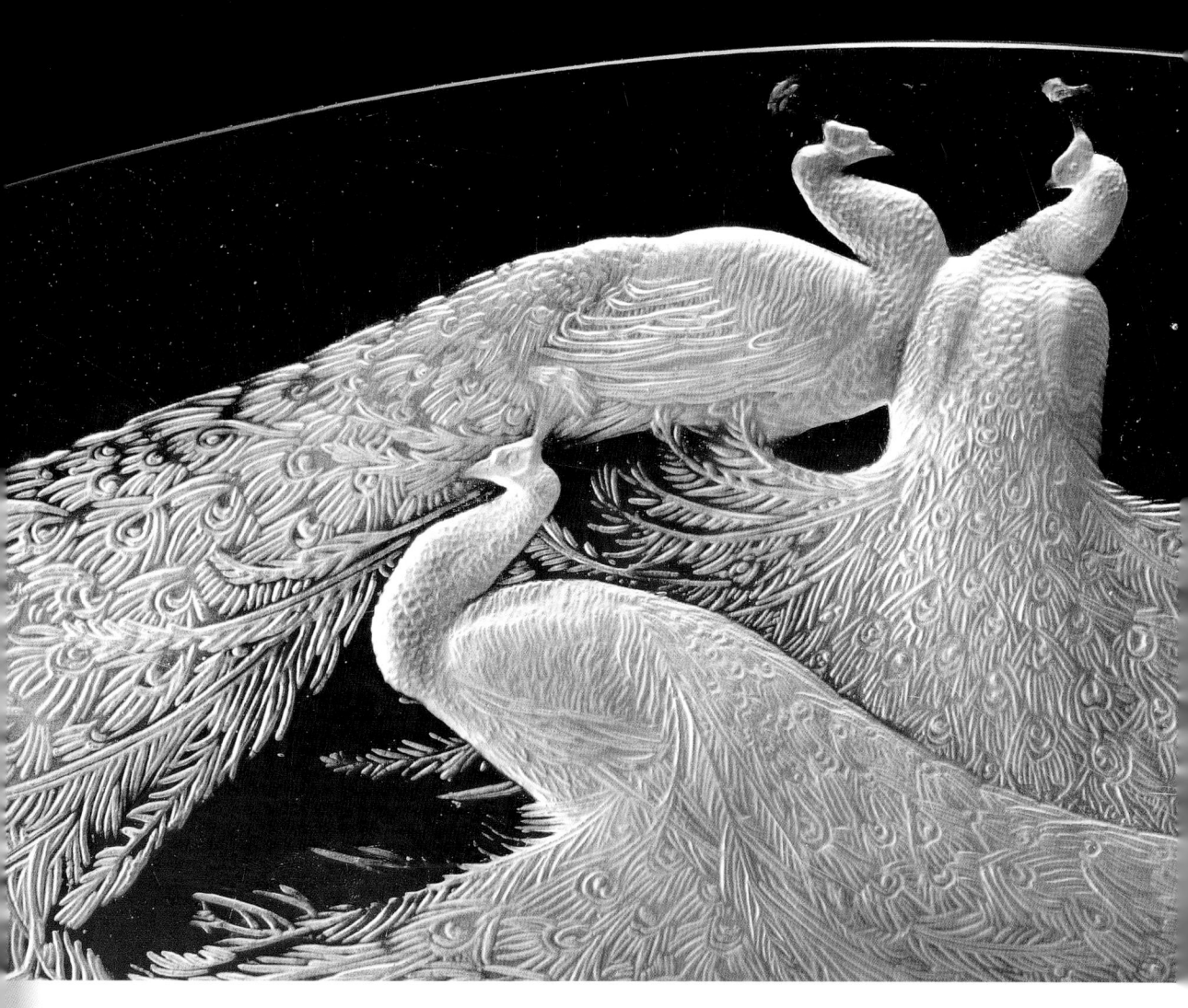

華麗典雅な貴婦人たちのように
テーブルセンター用置物《3羽の孔雀》 1920年　ガラス（プレス成形）　26.5×91.5cm（台座込み）　北澤美術館

長い裳裾を引きずって階段をおりてくる貴婦人の姿でもみるかのような豪奢さである。透明なガラス板の中で静かに寄り添う孔雀たち。台座に仕込まれた電球の柔らかい光が、清楚な姿を浮かび上がらせる。美を追い求め、洗練を極めていった果てに出現した浄化された世界。

飾り栓はティアラのフォルム

香水瓶《リンゴの花》〔右〕　1919年　ガラス（型吹き成形〔本体〕・プレス成形〔栓〕）　14cm　個人蔵
香水瓶《カシス》〔左〕　1920年　ガラス（型吹き成形〔本体〕・プレス成形〔栓〕）　11.5cm　個人蔵

型吹き成形した透明ガラスの瓶に赤く着彩した縦溝が等間隔に配列されている。たわわに実ったカシスの実が立体的見える栓は、プレス成形によるもの。髪飾りのティアラのように左右に大きく張り出すフォルムは、ラリック得意のデザイン。リンゴの花も同様で、透かし彫りのプレスガラスにパチネ彩色を施し、細やかな陰影を強調する。

パチネ彩色で立体感を強調

蓋物《人物とヴェール》　1929年
ガラス（プレス成形）　（直径）10.7cm
大村美術館

バラの蔓のブランコに腰掛ける乙女たち。花の髪飾りをつけて、ゆるやかな曲線を描く長い布を腕にからませている。天女の羽衣みたいだが、フランス人なら1900年パリ万博で人気があった踊り子ロイ・フラーの、衣装の布を羽ばたかせるパフォーマンスを連想するかもしれない。プレスガラスに濃緑色のパチネ彩色を施し、盛り上がったガラス面に陰影をつけて立体感を強調している。

星の部分だけ透明で、光にかざすと白く輝く

香水瓶ウォルト《夜中に》　1924年　ガラス（型吹き成形〔本体〕・プレス成形〔栓〕）
〔右奥〕13.5cm　ポーラ美術館

星の部分だけブルーパチネを塗装していないので内部の香水が透けて見える。栓には透明な三日月も浮彫りされ、満天の夜空で星たちが輝く趣向。この瓶に収められた香りのタイプは東洋をイメージしたオリエンタル調だったという。香水メーカーのウォルトのために、ラリックは30種類以上の瓶をデザインしている。

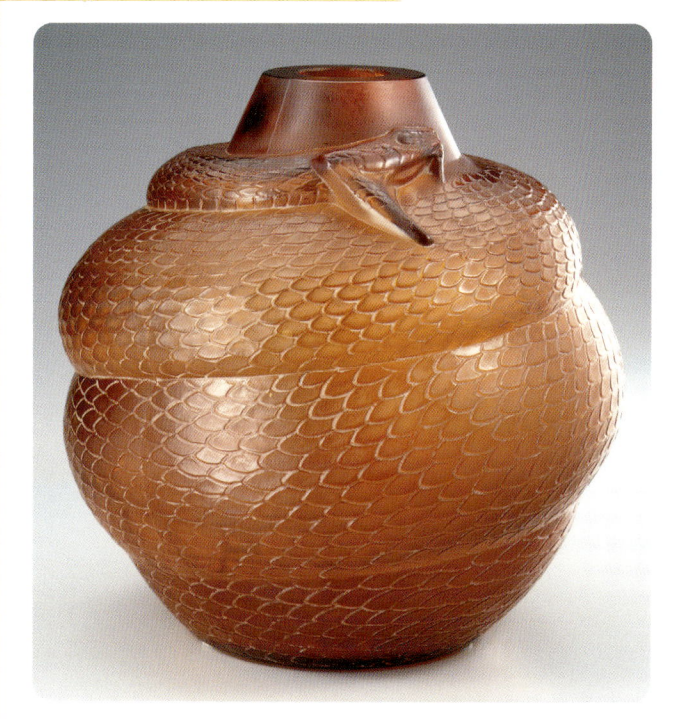

蛇体と器体の見事な一致

花瓶《蛇》　1924年　ガラス（型吹き成形）　26cm　個人蔵

型吹き成形のアンバー色のガラスにつや消し加工、パチネ。この作品に用いられた型吹き成形の技法は、従来の職人の息による吹きこみではなく、機械によって発生させた圧搾空気を使っている。加鋼鋳鉄製の鋳型に熔けたガラスを高圧の圧搾空気で吹きこみ、瓶などの内部が空洞の作品を製造する。鋳型はあらかじめいくつかの部分に割れるように作られ、内側に精巧なレリーフが刻まれた。ラリックのガラス作品の浮彫り装飾は鋳型の使用による量産を前提としたもので、アール・ヌーヴォー期のエミール・ガレの作品にあるようなグラインダーを使った手彫り仕上げは原則的にみられない。

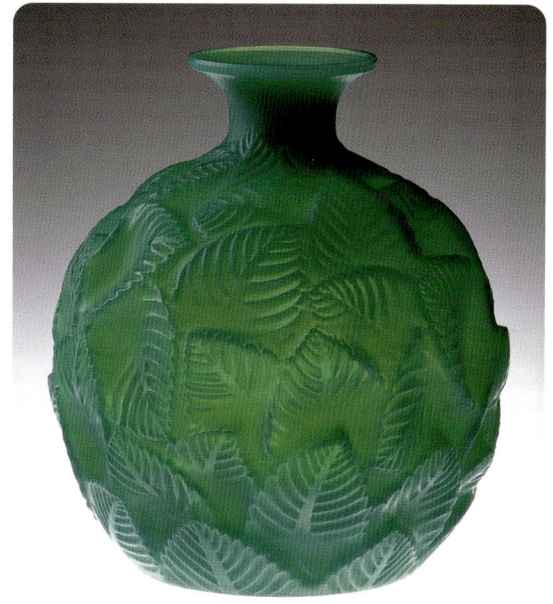

端正な姿にただよう新緑の季節感

花瓶《ニレの若木》
1926年　ガラス（型吹き成形）　17cm　個人蔵

器の表面を草や木々の葉でおおいつくすデザインはラリックにかなりある。花瓶だけでも30種類ほどになる。多くは枝から生えた葉の列を整然と並べて表すが、これは吹き寄せられた落ち葉のように、ばらけた風情となっているのが面白い。型吹き成形による凹凸感の強調も見どころ。

さまざまな色ガラスによるバリアント

花瓶《イバラ》　1921年　ガラス（各色、型吹き成形）　23.3〜23.5cm　成田美術館

ラリックが色ガラスを使うときは単色仕様が普通だった。オパールに色ガラスを重ねた被せガラスなどもあるが、混色を強調することがないので外見は1色に見える。発色は金属酸化物の添加による。赤はセレンや銅、青はコバルト、オパールはリン酸塩とフッ化物、緑はクローム、黄色は塩化銀や硫黄などで着色する。同じ型ものでも、色ガラス製は透明ガラスよりも1、2割高い価格で販売された。

Special Focus

オパルセント・ガラスの魅力
―ラリックによって真価を見出された素材―

青白い沈黙の中で、美の化身がかすかに微笑む。

人気の高いラリックの代表作
立像《シュザンヌ》　1925年　オパルセント・ガラス（プレス成形）　22.5cm　北澤美術館

プレス成形によるオパルセント・ガラス製の置物。シュザンヌ（スザンナ）は旧約聖書ダニエル書に登場するユダヤの美女。庭園での水浴びの最中に邪悪な願望を抱いた長老によって無実の罪に陥れられるエピソードの主人公である。水からあがったばかりの裸婦のようすを表現したのであろうか。衣のひだが流れるような曲線を描いている。同様のデザインによる「タイス」と並んで愛好されるラリックの代表作である。

宝石のオパールのように色合いが変化する半透明の乳白ガラス素地をオパルセント・ガラスと呼ぶ。17世紀のヴェネチアで使われ始め、アール・ヌーヴォー時代のドーム社もこの材料を使って人気を博した。

燐酸塩やアルミナなどを混合したガラス原料を成形の段階で急冷し再加熱すると、半濁した青白い色が現れる。冷却速度の違いによって発色にムラが生じ、人物の胴体のような厚みのある部分はゆっくり冷えて半濁が強まり、早く冷える薄手の部分は透明に近くなる。その結果、光と影の関係が、明暗ではなく青白い発色の濃淡に置き換えられる。線の動きが敏感に感じられるだけでなく、重量感を消し去ったような軽やかさも得られる。彫刻的な厚みのある作品を好んだラリックにとってはまことに好都合で、清潔でこまやかな情趣がゆきわたる作品が数多く作られた。この素材は順光で青白く、逆光ではオレンジ色に発色する。月光のような玲瓏さと、温かみのある柔らかい色調の共存が面白い。大正から昭和にかけての日本でも、この材料を使って「あぶりだし(*)」技法によるぼかし模様を入れたガラス食器が作られた。

*あぶり出し技法：金型に乳白ガラスを吹きこむと、型の凸部に触れた部分が金属によって冷え温度差が生じる。再加熱すると、この温度差によって乳白色の文様が浮かび上がる。

ジャポニスム風のトンボ
蓋物《ジョルジェット》 1922年
オパルセント・ガラス（プレス成形）（径）20.8cm
北澤美術館

プレス成形したオパルセント・ガラスの蓋の内側に3匹のトンボが浮彫りされている。身の部分は厚紙製で表面に黒く着色された革を張っている。ジョルジェットとは、1910年に20代半ばの若さで他界したラリックの愛娘の名前。

連続文様が生みだすリズム感
鉢《インコ》
1931年 オパルセント・ガラス（プレス成形）
（径）24.5cm 成田美術館

プレス成形のオパルセント・ガラス。小花を咲かせる枝にとまるインコを連続文様として構成し、仕上げにパチネ処理を施している。

Column

人生の美食家ラリック

1886年、26歳のラリックはマリー＝ルイーズ・ランベールと結婚、娘のジョルジェットが誕生した。24歳で夭折した彼女の名は、トンボのモティーフをあしらった蓋物（上図）の題名となっている。ラリックの女性関係は盛んで、結婚後6年目にオーギュスティーヌ＝アリス・ルドリュとの間に娘シュザンヌをもうけた。1900年にはのちにラリック社を継承した息子のマルクがアリスとの間に生まれている。アリスとラリックは正妻マリー＝ルイーズとの離婚が成立した1902年に正式に結婚するが、それからまもなく1904〜05年頃、ロンドン滞在中に出会ったフランス人女性との間に息子ルネ・ル＝メスニルが生まれた。2番目の妻アリスは1909年に病死したが、1925年にはマリー・アネールとの間に息子ジャン＝レイモンが、1927年には娘ジャンヌ＝ジョルジェットが誕生した。ラリック67歳の時の子供である。

彼の作品に美神やニンフが多いように、実生活でも身辺に常に女性の影が寄り添っていた。人好きのする人生の美食家だったのだろう。

噴水塔《フランスの水源》　アール・デコ博覧会 絵葉書
大村美術館

アール・デコ博の噴水塔を飾った女神
立像《噴水の女神・ダフネ》
1924年　ガラス（プレス成形）　（台共）76.5cm　成田美術館

プレス成形による透明ガラス製の立像。1925年パリ「現代装飾美術産業美術国際博覧会」（通称アール・デコ博覧会）会場に設置されたガラス製の噴水塔「フランスの水源」を飾った128体の女神像の中の1体。16段の高さに組み上げられたそれぞれが水にちなんだ持物を有するが、これは頭部に貝殻をつけて、水滴形のベールをまとっている。閉会後立像として生産販売されたモデルである。

ディナー・テーブルを飾る置物
立像《カリアティード》
1922年　ガラス（プレス成形）　30cm　北澤美術館

カリアティードとは古代ギリシアの女人柱のこと。アテネのアクロポリスに建つエレクテイオンの女人柱は、古典期を代表する壮麗な姿で有名である。本作はそれよりやや古いアルカイック時代の女性像をモティーフにしているようである。ディナー・テーブルに置く飾り物としてデザインされた製品。

点灯すると人物だけが光り輝く
置時計《2人の人物》 1926年
ガラス（プレス成形） 37cm 北澤美術館

厚さ22mmの透明ガラスにプレス成形によって花綱を手にした女性2人を陰刻（インタリオ、沈め彫り）している。女性の頭部でくぼみは16mmほどに達する。人体像の表面は酸洗いによってつや消し加工を施している。ブロンズ製のオリジナルの台座には照明器具が装着されていて、点灯すると陰刻された人物に光が当たって、彫像が浮かび上がる趣向である。中央に装着された時計は電池式。1926年の装飾美術家協会サロン出品モデル。

彫りの深さの違いで明暗を演出
置時計《昼と夜》 1926年
ガラス（プレス成形） 37.8×31.8cm
箱根ラリック美術館

プレス成形によるグレーのスモークガラス。電池式の時計をはめこみ、ブロンズ製の台座が付属する。板ガラスの厚みは17mmで、男性像はガラス面を裏側から最大12mmほど彫りこんだ陰刻で仕上げているため色が薄く見える。一方、女性像は表面に13mmほど盛り上げる陽刻（カメオ）で仕上げているので、ガラスの厚みが30mmほどになって暗く見える。ジュエリーで水晶などを彫刻する時に使う方法をガラスに応用した例といえよう。

のびやかさと鋭さの共存
花瓶《ピエールフォン》　1926年　ガラス（プレス成形）　15.5×34cm　個人蔵

ラリックは夢見ごこちの乙女や、陶酔境にある恋人たちなど、ロマンチックな情景を表すジュエリーに、爪とか牙とか、棘といった鋭い形のフレームを付け加えるエキセントリックな表現を好んだ。さらりと巻きこまれた棘の曲線は、かつてのアクの強さが抜け、おおらかさと明晰さを持つ柔軟な感性の息吹を感じさせる。19世紀の建築家ヴィオレ・ル・デュクの著書『対話録』に掲載された三角小間（スパンドレル）の鉄製葉飾りを連想させるデザイン。

近代によみがえる伝統的文様
花瓶《つむじ風》　1926年　ガラス（プレス成形）・エナメル
20×19.5cm　大村美術館

旋回する曲線文様はイバラの刺か、伝統的な唐草文様を下敷きにしたデザイン。プレス成形した透明ガラスだが、ガラスの厚みがかなりあるので、型から抜き出すのが難しい形状といえる。唐草の表面に黒いエナメルを塗布してコントラストを強調する手法は娘が好んだアイデア。

格子柄は昆虫の触角
花瓶《ラガマール》　1926年　ガラス（プレス成形）・エナメル
18.5×17.7cm　大村美術館

ラリックの娘シュザンヌ（1892〜1989）がデザインした花瓶。彼女はセーブル陶器のデザインも手がけ、舞台美術家としても活躍した才媛。1920年代から父親の名前で発表された作品中には、彼女が手がけたものが散見される。脚を広げた甲虫のパターンは黒色エナメルで描いたもの。織物風の細い線を反復する繊細な味わいは、偉大な父親とは異なる感性を物語る。

Topics

アール・デコ時代の造形

選ばれた人々のために提供された贅をつくした美。

新しい時代の感性

20世紀になるとスピード感や機能性という新しい美意識が登場する。世紀末に一世を風靡(ふうび)した草花や昆虫などの有機的な形態に代わって、機械的なフォルムが新しい美のモデルとなる。ラリックはといえば、大地の記憶が息づく花や虫、小鳥や女体といった旧来からのテーマを温め続け、整理の行き届いた造形に磨き上げていた。ひたすらに美を追う姿勢は、年とともにますます造形一途に走っていったようで、純芸術化した作品は、エピキュリアン(快楽主義者)的な屈託のない平明さを示している。

車のラジエーターキャップの上に取りつけ、金具の中に電球を仕込み光のオブジェとして楽しんだカー・マスコットは、文鎮やブックエンドとして販売されたものもあり、海外にも多く輸出され評判であった。トンボ、羊、猪、孔雀、ミミズク、ニワトリ、鷹、魚、蛙などの生物や、勝利の女神、裸掃、射手、流星など30種類ほどのモデルがカタログに載っていた。いずれも極端なイリュージョン(目だまし)やデフォルメ(歪曲)に走らずに、バランスのよさと力強さを併せもつ。彫刻のような自己完結性を示す古典主義的な造形には、生涯にわたって装飾の喜びを追求したラリックの資質が現れている。それはこの時代の自動車の威風堂々とした外観にも通じる階級社会の上層の嗜好を反映した美であり、モダニズムの倫理性や禁欲的な精神主義とは異質なものだったといえる。

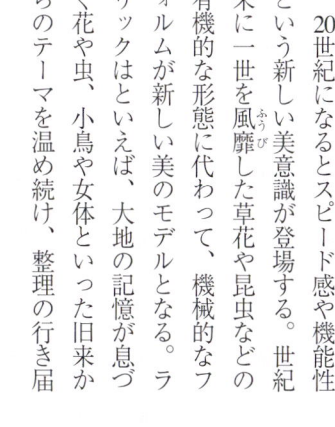

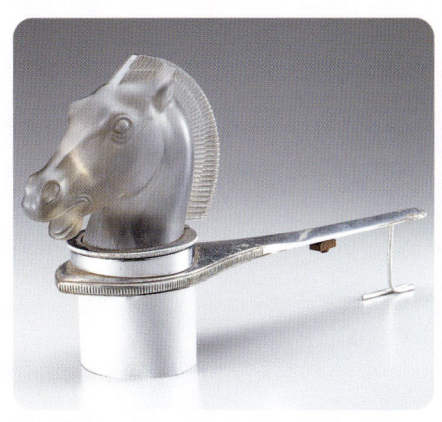

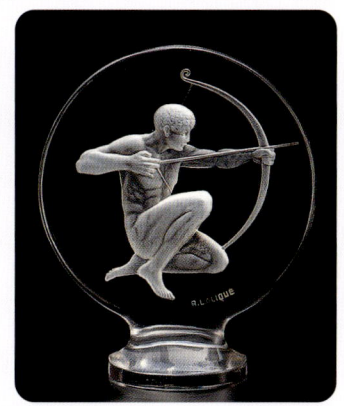

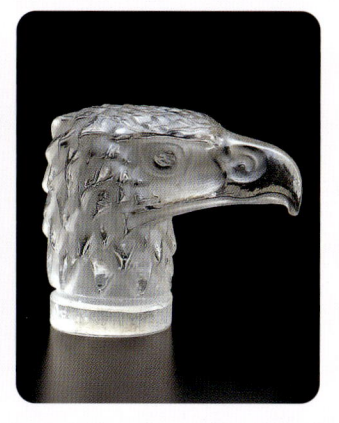

各種カーマスコット　ガラス（プレス成形）
《勝利の女神》〔上〕　　1928年　（幅）25.6cm　個人蔵、
《鷲の頭》〔下右〕　　　1928年　10.7cm　大村美術館、
《射手》〔下中〕　　　　1926年　13cm　大村美術館、
《ロンシャン》〔下左〕　1929年　15.5cm　北海道立近代美術館

勝利の女神はプレス成形による透明ガラスで、顔の部分は酸によるつや消し処理が施されている。後方に鋭く直線的に伸びた女神の髪がスピード感を強調している。鷲や射手、馬などもスピードを連想させるテーマ。

水滴さえも芸術表現に組みこむ
シャンゼリゼ・ショッピング・アーケードの噴水　1926年　ガラス（プレス成形）・金属　290×（上部水盤径）145cm　飛騨高山美術館

1926年パリのシャンゼリゼ通りに作られたショッピング・アーケードのギャラリー・リドの回廊形式のパティオ内に一対で設置されていた噴水。アカンサスの葉と水源の女神像を組み合わせ、上下の水盤に仕込まれた照明が点灯すると流れ落ちる水滴が光の帯となってきらめく。現存するのはこの1基のみで、壮麗さに誰もが息を呑む至宝がわが国にあることを喜びたい。

パターンに織りこまれた変調

大皿《アントワープ》
1930年　ガラス（プレス成形）
（径）39cm　大村美術館

鯛に水草を組み合わせたデザイン。鯛焼きを並べたように見えるが、2匹だけ頭の向きが違っている。単調なくり返しの中におかれたわずかな変調。それは旋回する水草の束の精粗にも表れている。

現存数の少ない貴重な作例

花瓶《ナディカ》　1930年
ガラス（プレス成形）　26.3cm
北澤美術館

ギリシア神話に登場する水の精を浮彫りした花器。豊かな髪をなびかせた半人半魚のニンフたちが体をくねらせ両手を上げている。細長く伸びた両足は花瓶の左右の取手と一体化している。
花瓶の裏面にも若干ポーズが異なるニンフが2人いる。プレス成形した透明ガラスを酸洗いでつや消し処理したもので、現存数は極めて少ない。ラリックにはシレーヌ、ダナイード、オンディーヌ、カリプソなどギリシア神話の水に関わる女神やニンフの名前をつけた製品が少なくないが、その中では大作の部類に入る。

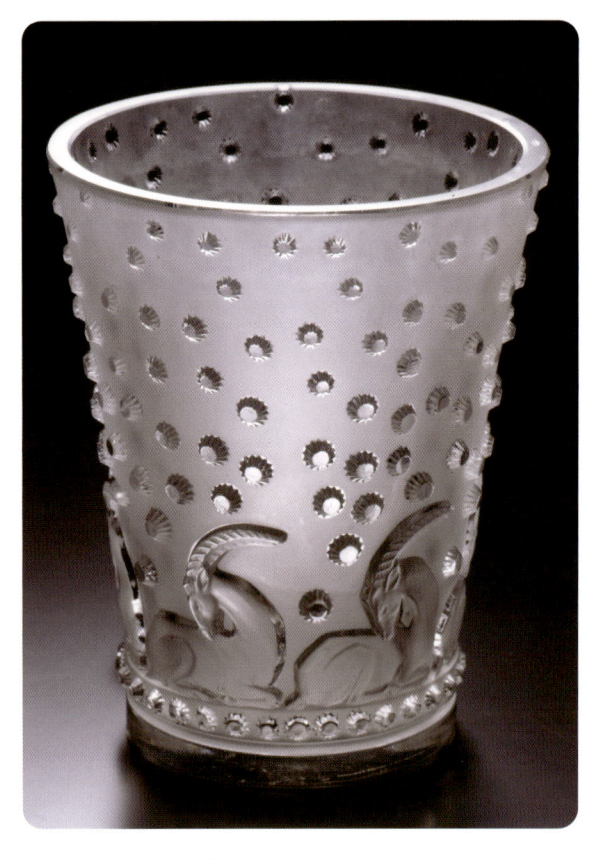

星降る島の夜の夢

花瓶《アジャクシオ》　1938年　ガラス（プレス成形）　19cm
株式会社黒壁

音もなく降りそそぐ星明りのきらめき。立派な角をもつヤギたちが首を折り曲げてひざまづき静かに眠っている。ヤギや羊のチーズの産地である地中海のコルシカ島。その中心都市アジャクシオは、ナポレオン・ボナパルトの出生地としても有名である。

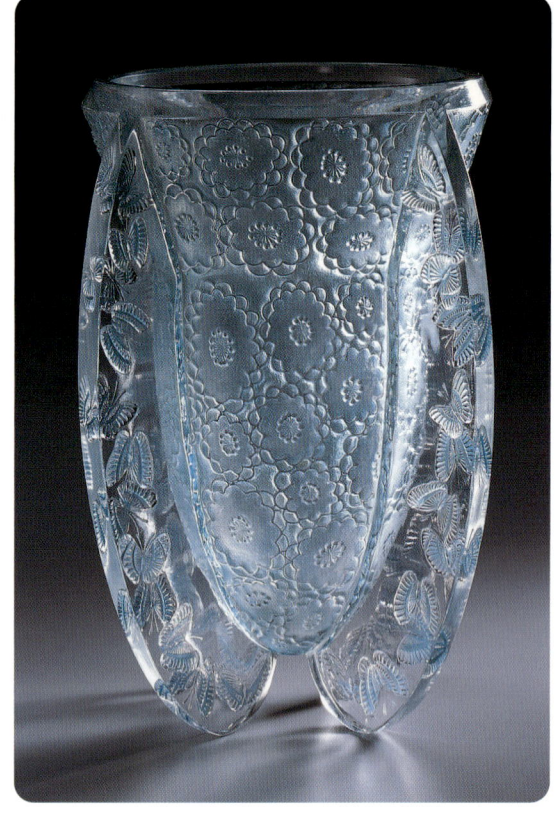

淡い色彩に浮かぶ優美な文様

花瓶《蝶》　1936年　ガラス（プレス成形）　22.6cm
北澤美術館

プレス成形の透明ガラスで花文を散らして青緑色のパチネを施している。蝶のレリーフがある翼形の脚もプレス成形で胴部に熔着したもの。淡い色彩が上品な雰囲気をかもし出している。染織文様風のデザインは娘が関与した可能性が高い。

Column

珍品を求めるコレクター心理と紫色のガラス

型ものもののガラス器は、赤、青、緑、黄などの色ガラスを使えば同型の色違いができる。ラリックの場合、現代の骨董市場では無色より色もの、とくに紫色のバージョンがその希少価値ゆえに高額で売買されている。これに目をつけた何者かが、透明ガラスを紫に改変して売った可能性があるという。着色方法は放射線を照射した可能性がある。ふつうの透明ガラスに放射線を照射すると、原料に含まれる微量の酸化物が反応して紫色に変色するのは以前から知られていた。実際にラリック作品の断片を検体に用いて変色を確認したレポートも発表された。厄介なのは、ガラスそのものは本物なので、ラリックの生前に作られた紫ガラスと簡単に見分けがつかない点である。色が濃いのが改竄作という人もいるが、ガラスの厚みが増せば色も濃くなり、薄手なら淡い紫に見えるから、見た目だけでは容易に判断できない。＊

珍品を欲しがるコレクター心理につけこむ悪徳商法があるとしたら、要注意だ。

花瓶《蛇》

＊詳細はガラス工芸学会誌「GLASS」42号（1998年）の筆者論考「本誌40号掲載『ルネ・ラリック作品における紫ガラスについて─放射線照射による人工着色』に関する疑問」を参照されたい。

イギリス国王への栄えある献上品

食器セット《カモメ》　1938年　ガラス（型吹き成形、プレス成形）・エナメル　（燭台）20.5×25cm　ラリック美術館

1938年にパリを訪問したイギリス国王ジョージ6世へ、パリ市とフランス共和国大統領はラリックのガラスを贈った。このカモメのディナーセットは、パリ市章を刻んだテーブルセンターピース「カラヴェル」とともに献上された品である。

銀色に輝かせるための一工夫

パネル《魚の噴水》　1935年
ガラス（プレス成形）　32×32cm　北澤美術館

噴水のためにデザインされたプレス成形のガラス板。裏面を鏡引き加工しているので、光を反射して銀色に輝く。持ち上げるのに一苦労するほど重たい。

噴水《鳩》　1932年　（パリ、シャンゼリゼのロータリーに設置された噴水）　大村美術館

豪華客船「ノルマンディ号」の大食堂内部
（手前上部のシャンデリアと左右に並んでいる照明ポットがラリック作）　大村美術館

古さを新鮮さに変えるレトロな感覚

終生変わらなかった芸術的本質

噴水をはじめとして、列車や建築の装飾パーツなど、ガラス時代のラリックが手がけたジャンルは、どんどん多様化していった。1920年代からは、優れた才能に恵まれた愛娘シュザンヌによるデザインもラリックの名前で発表され（68頁）、染織文様風のこまやかなテイストの作品群が加わってゆく。

しかし、選び抜いた少数のモティーフを組み合わせ、悠然とした風格をただよわせるデザインは、ラリック本人以外には生みだせないものだった。また、長期にわたってジャポニスムのデザインを使い続けたように、古いものから自由にインスピレーションをすくい上げる柔らかな精神には、無数の過去を追慕しノスタルジックな想いに耽る19世紀後半の骨董収集熱が温存されていたのかもしれない。伝統的なモティーフに、ラリックが生きた時代の現代性が混交した雑種（ハイブリッド）的な味わいの面白さは、彼の作品の醍醐味といえるものだ。

それらが用の美としての実用性よりも、純粋芸術として観賞するためのモ

74

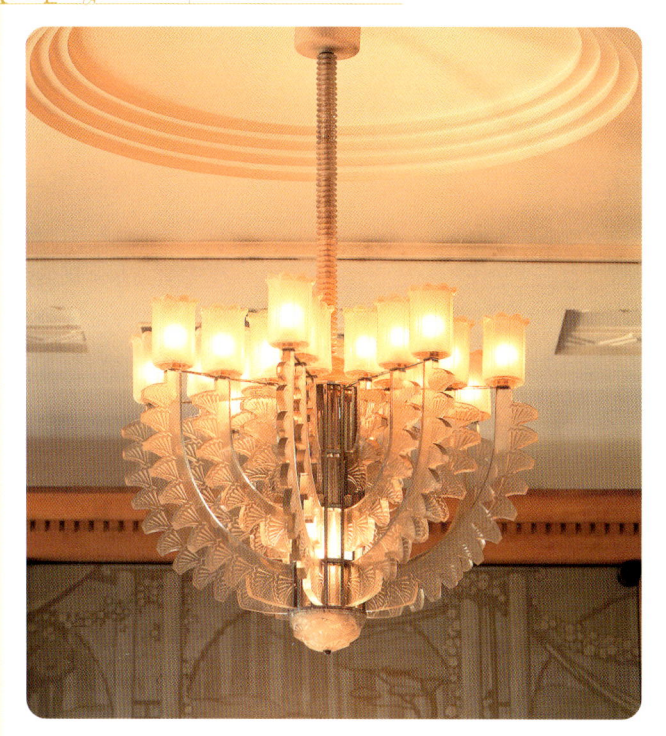

全部で5パターンあるモデルのひとつ
旧朝香宮邸大客室シャンデリア《ブカレスト》
1928年　ガラス（プレス成形）　東京都庭園美術館

U字を半裁した形状のガラスパネルに葉飾りの突起をつけ、上端に花形シェードをのせた大中小3枚1組のユニット8セットを、中心金具から8方に放射状にとりつけている。類似構造のシャンデリアはほかに4モデルがあり、それぞれパリ、オックスフォード、トリノ、ガリエラの名がつけられている。

オリジナルは裸婦像だったが……
旧朝香宮邸正面玄関扉《女性像》
1932年　ガラス（プレス成形）　東京都庭園美術館

ラリックは朝香宮邸の建造にあたって正面玄関のガラス扉、大客室と大食堂のシャンデリアを制作した。この扉は特注品で4種類のデザイン案の中から採用されたもの。オリジナルは裸婦像だったが、日本からの要請で着衣像に変更された。

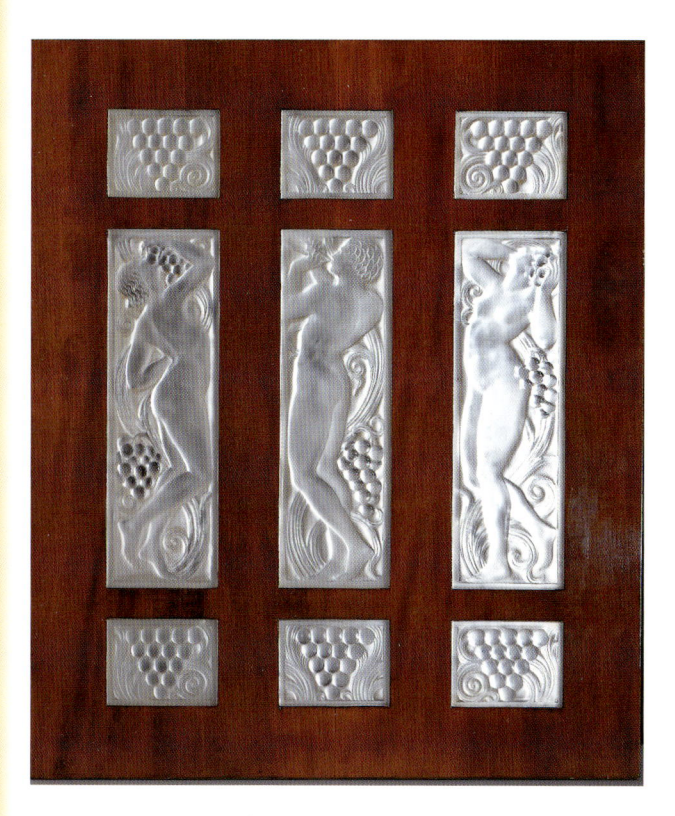

贅をつくした列車の壁面を飾る
車両内部装飾パネル《人物と葡萄》　1928年
ガラス（プレス成形）・木　92.8×79cm　成田美術館

裏を鏡面加工した葡萄の小パネル6枚、人物の大パネル3枚をキューバ産マホガニーの木枠にはめている。豪華列車（コート・ダジュール・プルマン・エクスプレス）1両の壁面を156枚のガラスパネルが飾った。

ニュメンタルな性格を主張している点は、ジュエリー時代から一貫して変わってはいない。そこにはアルチザン（職人）ではなく、アーティストとしての自己の立場を自覚していたラリックの意識が明確に見て取れる。85歳の長寿に恵まれたラリックには、指輪の微細な細工から始まり、最後には巨大な建造物までを手がけ、デザイナーとしての表現意欲を存分に発揮できる時と場が与えられたのは幸いだった。

まつすぐな一筋の道――ラリックの創作人生

アール・ヌーヴォー時代のS字ラインを強調した衣装は、表面にたくさんの陰影を含んだひだをつけて、ゆったりと女性を包んでいた。当時の美とは、凹凸の起伏や明暗の変化を強調するボリューム感が見せ場となっていた。これに対応するジュエリーも、ルネサンス以来廃れていたエナメルの技術を再興してその可能性を究めたラリックに典型をみるように、多くの色の混在と立体感あふれる浮彫りの効果を追求している。しかし、1900年代の最初の10年間にファッション史上の一大変革が起こる。コルセットとS字ラインの消滅である。体の線に沿ったプレーンなシルエットへと時代の嗜好は急転する。服装に合わせるジュエリーも、色使いの豊かさや複雑にからまり合うフォルムを捨て、モノトーンのシンプルな造形に移行する。大きなうねりがおしよせて、ラリックが率先して育成した豊麗なスタイルは、一挙に陳腐化していった。

ラリックと共に新しい芸術運動を牽引したエミール・ガレは、植物や昆虫の姿を過度に変形せず謙虚に扱い、図鑑的な正確さをも重視する態度によって人気を博していた。

一方、ラリックは自然を造形素材として冷徹に眺め、具象表現を基本としながらも必要があれば非具象形態を融合させ、怪奇な異形への転換さえ躊躇せずに行なった。自然からインスピレーションを汲み取る姿勢は共通するものの、両者が目指した世界は異なっている。謎めいた幻想味溢れる有機的フォルムの創出はラリックならではの偉業であった。具象と抽象を溶け合わせ渾然一体化するセンスは、デザイナーとしての意識の在りようを端的に物語る。それゆえアール・ヌーヴォーが終息してもラリックの自我、美意識の根底は揺るがず、自らのアイデンティティーを否定し、古い外套（がいとう）を脱ぎ、新しい服に着替えるようなスタイルの転換は起こらなかった。グラン・メゾンと呼ばれる大手宝石商らは、その時々の流行に追随したジュエリーを製造していたが、ラリックにもそれができれば人生の転機は訪れなかったかもしれない。

作品は最上のでき栄えを示していたが、彼のジュエリーが似合う服がなくなってしまった。居場所を失ったラリッ

クはジュエリーの世界を見切り、従来から手がけていたガラス工芸に生き残りの場を求めてゆく。50歳を過ぎてガラス作家となったラリックは、スピリチュアルな品格や絢爛が求められたジュエラー時代の矜持を失うことなく、むしろそれを武器にして新たな創作を展開していった。香水メーカーからの依頼にこたえて当時最先端の抽象的、幾何学的なフォルムを装った香水瓶も作ったが、どちらかといえば、ラリック自身のブランドイメージは保守的で、アール・ヌーヴォー調のなめらかな具象様式の温存によって、独自の折衷的な色合いを帯びている。モーリス・マリノやドーム社がアール・デコ時代に作ったガラスの斬新さが、今なお鮮烈に現代へと直結するのに対し、ラリックのそれはロマンティックな本質に根ざし、夢の世界に誘うようなノスタルジーを感じさせてやまない。

ベル・エポックの艶麗な装飾美を透明ガラスのクリーンなマティエールに溶け込ませた作品は、大半が金型を使って製造された。複製手法の導入は製造工程でのばらつきを抑制し、ラリックが練り上げたプランに忠実な量産化が果たされていった。優美で幻想的なイメージが冷たく整った古典形式美によって肉付けされ、筆のタッチを消し去ったジュエラーが求める磨き抜いたテクスチャー、ラリックが好んだサテンのような光沢をまとう表層の感触は、ガラ

ス製造においても透徹されたのである。

アール・ヌーヴォーの絢爛から色彩の雄弁を封印し、モノトーンの塊量表現、光の明暗対比に創作の軸足を移していったガラス時代のラリックの仕事は、ジュエリーで培った自然主義的な巧緻な形似手法に新たなスケール感を加え、20世紀に急速に普及した電気照明の効果も計算に入れて展開していった。光り輝く巨大化したジュエリーとでもいえるガラスのオブジェの創出にこそ、彼の目覚しい成果が集約されている。

ラリックは長寿に恵まれ、リューマチが悪化してデッサンが不自由になる80歳頃まで現役を通した。そのため、戦火の煙硝が漂う1940年代においてさえ、アール・ヌーヴォーの金字塔が半世紀前にうち立てられた栄光に包まれながら、照り映える輝きを放ち続けていた。最晩年の作品ですら、夢みるような憧れにみちたやさしい光が、生き生きとしたエロスの香気さえたたえて、見る者の心を慰撫してゆく。そよ風に揺られる小さな花たちの姿をとどめたジュエリーに始まり、壮麗な放物曲線を描く大噴水にいたるラリックの創作人生とは、ひとつの時代の終わりに向かっての歩みであったのかもしれない。隅々まで考え抜き、構築の緊張度を重ねる作業の膨大なくり返し。それを遂行した精神の緊張度の片鱗すら感じさせない爽やかな作品を、ラリックは残していった。

ラリックのジュエリー 主要技法

金属加工

鋳金
鋳型に溶融した金属を流しこんで成形する技法。ラリックは精密な細工ができる蠟型を使うロストワックス法（シール・ペルデュ）を多く用いた。

鍛金
金属の延性や転性の性質を利用し、たたいて打ち延ばして成形する技法。

彫金
成形された金属製品に鏨（たがね）などを使って彫刻を施すもの。右は8頁のブローチの拡大図で、肌の梨地仕上げのようすがわかる。

彫金：ブローチ《竜に乗るキューピッド》(8頁) 部分

七宝（エナメル）

金、銀、銅などの金属表面をガラス質の物質でおおうのがエナメル技法。エナメル顔料はガラスの微粉末で、湿らせてから筆やへらを使って金属面に載せてゆく。完全に乾燥させてから約800℃程度で焼き上げる。釉薬が完全に溶けて平滑になるのを見計らって炉から取り出す。焼成時間は覗き穴から作品の状態を見て最適なタイミングをはかるので、熟練した職人の経験だけが頼りの作業である。取り出した作品は釉薬の偏りを防ぎヒビなどが入らないように注意深く徐冷する。

十分なエナメルの厚みを満たし装飾に必要な色の数を施すためには、10〜12回、中には15回以上の焼成をくり返すこともある。焼成の度ごとにエナメル表面を砥石で水砥ぎをする。最終焼成で平滑な表面ができ上がるが、デザインにあわせてエナメル表面に薬品や研磨剤などでマット仕上げを施すなど、さまざまな表情をつけることもある。

クロワゾネ（有線七宝）とシャンルベ、バスタイユ
クロワゾネ（16頁参照）では細い金属線を埋めこむことで壁を作り、シャンルベでは地になる金属に彫りを入れて壁を作って、エナメル顔料を施す。色の違うエナメル顔料は融点が微妙に異なるため、ひとつの作品に何色かを使う場合、融点の低いものを先に焼くと焼きすぎて良い発色が得られない。したがって、融点の高いものから順に焼くが、多色のエナメルの施釉と高温の焼成をくり返すことからくる作品のゆがみを防ぐために、線材の厚さと補強に気を使う必要もある。また地金面に彫刻による装飾を施し、その上に透明エナメルを焼きつけると、エナメルの下に模様が透けて見える。この技法をバスタイユと呼ぶ（右図）。

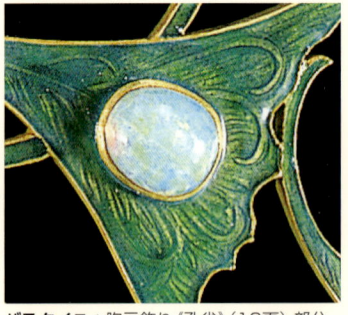

プリカジュール（省胎七宝・透胎七宝）
13頁（Close Up）を参照。

シャンルベ：ブレスレット《アイリス》(12頁) 部分

バスタイユ：胸元飾り《孔雀》(10頁) 部分

---

⑤ 施釉
筆に釉薬を含ませ、枠の外側から内側に向けて塗りこみ、乾かしながらまた塗りこんでゆく

⑥ 焼成の途中
ある程度のところで一度窯に入れて焼きつけ、残った部分にまた施釉して焼きつける

⑦ 焼成完了
熔けた釉薬は表面張力で凹面膜を形成してゆく

⑧ 研磨作業などを経て完成

（取材協力：Nick's Factory 中嶋邦夫氏）

ラリックのガラス 主要技法

成形

プレス(型押し)成形
ラリックのガラス製品には通常、熔融状態で高い可塑性が得られるセミクリスタルガラスが使われた。そのガラス素材を鉄製の鋳型に流しこみ、ローラーやコテでなじませて成形するのがプレス成形法。これはラリックが宝飾作家時代にアクセサリーのモティーフを作るために研究した鋳造法を機械化したもので、立像、皿、蓋物、瓶の栓、装飾パネル、厚いレリーフ装飾を施した花瓶の製作に使われた。

型吹き成形
熔けたガラスを竿に取り、鋳型の中で吹いて成形する方法。瓶や花瓶など器の内部に空洞のある製品に用いられた。器に施される装飾はすべて鋳型に刻まれ、成形と装飾が同時にでき上がる工夫がなされた。第一次世界大戦後は圧搾空気を送りこむ機械吹きが採用され、精巧なレリーフ模様を施した花瓶が生産された。

シール・ペルデュ(蠟型鋳造法)
56頁(Special Focus)を参照。

仕上げ加工

つや消し
ガラス表面の仕上げには①光沢仕上げ②つや消し仕上げの2種類があり、①はコルクをつけたグラインダーで表面を磨き、②はエッチングとサンドブラストが用いられた。エッチングは沸化水素と硫酸の混合液にアンモニアを加え、ガラスを浸して腐食させ、なめらかな絹のようなつや消し効果を得る。ラリックはこの方法をサチネ(サテンに由来)と呼んだ。サンドブラストは金剛砂をガラス表面に噴射する方法で、エッチングよりもきめの荒い仕上がりから建築装飾物など大型作品に用いられた。

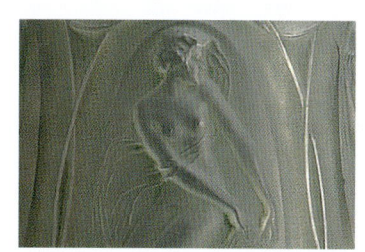

パチネ
アラビアゴムを主体とする溶液に顔料を混ぜて作品表面に塗布してふき取ると、くぼみに溶液が残りレリーフ装飾が着色され浮き上がってみえる。パチネは性質上剥落しやすいため、現存する製品にはパチネが塗り直されているものも見受けられる。

エナメル彩色
融点の低い色ガラスから作られた顔料をガラスの表面に塗り、焼きつける彩色法。鋳型に彫りこまれて成形時につくられた装飾に、アクセントをつけるために使われた。

プレス成形：ブローチ《4つのカボションと矢車菊》(51頁)

型吹き成形：花瓶《ニレの若木》(63頁)

つや消し：花器《カメオ》(52頁) 部分

パチネ：蓋物《人物とヴェール》(62頁) 部分

現代のプリカジュール技法

① デザイン画の作成
② 空枠用下図 
③ 「透かし」の技術で空枠を作る 
④ 空枠の完成

著者

鈴木 潔〈すずき・きよし〉

1954年神奈川県生まれ。東京教育大学教育学部芸術学科卒。筑波大学大学院芸術学研究科博士課程単位取得退学。武蔵野美術大学、玉川学園女子短期大学、東京歯科大学、筑波大学非常勤講師、北澤美術館学芸部長、黒壁美術館館長、長浜アートセンター館長、山中湖髙村美術館顧問、ヤマザキマザック美術館顧問、美術史学会常任委員、株式会社黒壁取締役執行役員を歴任。

主な著書──『信州の美術館』(保育社)、『光の魔術師─エミール・ガレ』(小学館)、『アール・ヌーヴォーのガラス 北澤美術館コレクション』(監修／光村推古書院)、『エミール・ガレ─ガラスの詩人』(監修／創元社)、『ポーラ美術館名作選─エミール・ガレとアール・ヌーヴォーのガラス工芸』(監修／ポーラ美術館)、『世界に誇る和製テーブルウェア オールドノリタケと懐かしの洋食器』(監修／東方出版)、『アール・ヌーヴォーとアール・デコ─甦る黄金時代』(分担執筆／小学館)、『もっと知りたい エミール・ガレ』『エミール・ガレ作品集』(以上、東京美術)、『ヤマザキマザック美術館（工芸）』(解説執筆／ヤマザキマザック美術館)、『岡田美術館蔵 ガラス工芸の精華 ガレとドームの世界』(監修／岡田美術館)、『記憶の花』藤原更著(寄稿／ふげん社) など多数。

アート・ビギナーズ・コレクション
もっと知りたい ルネ・ラリック 生涯と作品

2009年5月30日 初版第1刷発行
2025年6月10日 初版第12刷発行

著 者	鈴木 潔
発行者	大河内雅彦
発行所	株式会社東京美術
	〒170-0011
	東京都豊島区池袋本町3-31-15
	電話 03(5391)9031
	FAX 03(3982)3295
	https://www.tokyo-bijutsu.co.jp
印刷・製本	大日本印刷株式会社

乱丁・落丁はお取り替えいたします
定価はカバーに表示しています

本書のコピー、スキャン、デジタル化等の無断複製は著作権法上での例外を除き禁じられています。本書を代行業者等の第三者に依頼してスキャンやデジタル化することは、たとえ個人や家庭内での利用であっても一切認められておりません。

ISBN978-4-8087-0834-4 C0072

©TOKYO BIJUTSU Co.,Ltd. 2009 Printed in Japan

写真提供・協力

アルビオンアート株式会社／遠藤賢朗／大村美術館／小川 剛 (p.60、p.67下図等撮影)／奥山浩司 (フォワードストローク| p.70撮影)／神奈川県立歴史博物館／株式会社DNPアーカイブ・コム／株式会社ベル・デ・ベル／株式会社ユニフォトプレスインターナショナル／株式会社ユニマット美術館／財団法人北澤美術館／財団法人ポーラ美術振興財団ポーラ美術館・ポーラ文化研究所／グレコ・コーポレーション株式会社／近藤正一 (p.11、p.14上図、p.18下図、p.31左下図、p.35下図、p.36上図、p.40上図等撮影)／柴田敏雄 (p.75玄関扉撮影)／高村 規 (p.75シャンデリア撮影)／東京都庭園美術館／中嶋邦夫／成田美術館／箱根ラリック美術館／飛騨高山美術館／山下昌身 (p.31右上図撮影)／ラリック美術館／David Behl

本文デザイン
有限会社柳原デザイン室

カバーデザイン
幅 雅臣 (青栞舎)

編集
編集工房プラネット

参考文献

『ルネ・ラリック展─ガラスの巨匠』東京都庭園美術館、朝日新聞社、1988年／『ルネ・ラリック展』東京国立近代美術館、日本経済新聞社、1992年／『ルネ・ラリック 1860-1945展』そごう美術館他、アプトインターナショナル、2000-01年／『ヨーロッパ・ジュエリーの400年 ルネサンスからアール・デコまで』東京都庭園美術館他、西日本新聞社、2003年／『箱根ラリック美術館 コレクション選』箱根ラリック美術館、2005年／『魅惑の香水瓶 コティとラリックの物語』遠藤賢朗著、里文出版、2006年／『ルネ・ラリック モダン・ジュエリーの創始者』イヴォンヌ・ブリュナメール著、創元社、2009年

Barten Sigrid, René Lalique Schmuck und Objects d'art 1898-1910,Monographie und Werkkatalog, München, Prestel, 1977

Marcilhac Félix, R.Lalique, Catalogue raisonné de l'œuvre de verre, Paris, 1989, 2ᵉ edition 1994, 3ᵉ edition 2004

Thiébaut Philippe, René Lalique correspondance d'un bijoutier art nouveau 1890-1908, La Bibliothèque des Art, Lausanne, 2007

ラリックの作品を所蔵する主な美術館

★情報は2025年6月現在のものです。開館時間や休館日、入館料、アクセス方法、ラリック作品が展示中かどうかなど、最新の情報は各館のホームページでご覧になるか、直接電話等でご確認ください。

国内

大村美術館
ラリック専門のコレクションで知られ、ガラス作品と関連資料400点余りを所蔵。テーマを定めて70〜80点を、なるべくケースに入れずに間近で鑑賞できるよう工夫して展示している。
秋田県仙北市角館町山根町39-1　info@museomura.com

東京都庭園美術館
日本のアール・デコ様式建築の名作、旧皇族・朝香宮の邸宅を美術館として公開している。女性像のレリーフで飾られた玄関のガラス製大扉や、室内のシャンデリアがラリックの作品。
東京都港区白金台5-21-9　TEL：03-3443-0201

箱根ラリック美術館
ラリックのジュエリーの逸品からガラス、建築装飾まで、その生涯を作品でたどれるのは日本では当館だけ。特に多数のジュエリーの優品が日本で鑑賞できるのは有難い。
神奈川県足柄下郡箱根町仙石原　TEL：0460-84-2255

ポーラ美術館
19世紀のフランス印象派などの西洋絵画や日本の洋画、日本画、東洋陶磁など幅広いコレクションの中に、ラリックの香水瓶も多数あり、企画展によって陳列される機会がある。
神奈川県足柄下郡箱根町仙石原　TEL：0460-84-2111

北澤美術館
アール・ヌーヴォーのガラスを常設展示するが、ラリックのガラスもかなり所蔵している。ラリック作品の公開は不定期なので、事前に問い合わせる必要がある。
長野県諏訪市湖岸通り1-13-28　TEL：0266-58-6000

トヨタ博物館
自動車ファンが喜びそうなクラシック・カーも展示される館内には、ラリックのカー・マスコット全29種類のすべての作品が常時展示されている。車とラリック愛好家なら必見。
愛知県長久手市横道41-100　TEL：0561-63-5151

成田美術館
北国街道沿いの静謐なたたずまいの中で、ゆったりとした気分で質の高いラリックのガラス作品を鑑賞することができる。周辺の古民家のたたずまいも見どころ。
滋賀県長浜市朝日町34-24　TEL：0749-65-0234

飛騨高山美術館
2020年閉館の旧飛騨高山美術館と同じ敷地で、会員制ホテル「サンクチュアリコート高山」に併設して2024年に再開。旧美術館のアール・ヌーヴォーから現代に至るコレクションを継承した。暗闇でガラスが浮かび上がる演出など見どころも多く、宿泊客以外も観覧可能。
岐阜県高山市上岡本町1-124-1　TEL：0577-40-1007

海外

パリ装飾美術館
（Musée des Arts Décoratifs）
ルーブル宮の北西の角、マルサン館にあるデザイン関係の資料を集めた美術館。収蔵作品は彫刻や絵画、家具調度品など工芸全般にわたる幅広い内容で、アール・ヌーヴォー時代のラリックのジュエリーコレクションも充実している。
107, rue de Rivoli, 75001 Paris　TEL：01-44-55-57-50

オルセー美術館
（Musée d'Orsay）
19世紀後半から20世紀初期までの美術作品を集めた人気スポット。印象派のコレクションが有名だが、アール・ヌーヴォー期のガラスやジュエリー、家具などにも名品が揃っている。ラリックではサロン出品作で国家買い上げとなったジュエリー作品などがある。
62, rue de Lille, 75343 Paris　TEL：01-40-49-48-14

ラリック美術館
（Musée Lalique）
ラリック社のガラス工場が操業を続けるアルザス=ロレーヌ地方ウィンジャン・シュル・モデに2011年7月オープン。ジュエリー、ガラス、デッサン、彫刻その他の資料と後継者の作品など650点以上を収蔵。鋳型から仕上げの刻印までの製造工程を見せるコーナーなど本拠地ならではの展示もある。
40 rue du Hochberg 67290 Wingen-sur-Moder
TEL：03-88-89-08-14

カルースト・グルベンキアン美術館
（Museu Calouste Gulbenkian）
ラリックと親交があったカルースト・グルベンキアンは、石油採掘事業で財をなしたイスタンブール出身の美術コレクター。集めた美術品は6800点といわれ、亡くなる2年前に全部をポルトガル政府に寄贈し、美術館がリスボンに設立された。古代から近代までの絵画、彫刻、工芸など幅広いジャンルの中で、目玉はラリックから買い上げたジュエリーやガラスの名品140余点。
Avenida de Berna 45A Lisbon　TEL：21-782-3000